Melanie
Schultz

DON BOSCO
VERLAG

Cordula Pertler / Reinhold Pertler

Kinder erleben Märchen

Methoden und Ideen

Don Bosco

Die Deutsche Bibliothek – CIP–Einheitsaufnahme

Pertler, Cordula M.:
Kinder erleben Märchen: Methoden und Ideen / Cordula
Pertler/ Reinhold Pertler. – München: Don Bosco, 1998
   ISBN 3-7698-0811-8
NE: Pertler, Reinhold:

2. Auflage 1998 / ISBN 3-7698-0811-8
© by Don Bosco Verlag, München
Umschlag: Birgit Baude, Studio Schübel, München
Herstellung: Salesianer Druck, Ensdorf
Druckerei Gebr. Bremberger, München

Gedruckt auf chlorfrei gebleichtem, umweltfreundlichem Papier.

Vorwort

> *„Nur aus den schönen Oasen der Kindheit*
> *führen feste Wege in die Zukunft. "*
> Konfuzius

Die ersten gemeinsamen Erfahrungen zur Märchenarbeit mit Kindern sammelten wir vor siebzehn Jahren während unserer Dozententätigkeit an der Fachakademie für Sozialpädagogik in Mühldorf am Inn. Cordula Pertler hielt in dieser Zeit Aktionskurse für Kinder zum Märchenerleben, Reinhold Pertler baute Ideen zur Märchenarbeit in den Psychologieunterricht ein und gab in ergänzenden Wochenendseminaren den Studierenden die Möglichkeit zur Selbsterfahrung mit Märchen. Seit dieser Zeit hat uns das Interesse an der Märchenarbeit mit Kindern und Erwachsenen nicht mehr losgelassen.

Aus der eigenen Selbsterfahrung und langjähriger Märchentherapie wissen wir, mit welch großer Intensität die Märchenerfahrungen der Kindheit im Erwachsenen noch lebendig sind. So wurde uns immer wieder deutlich, daß die Märchenwirkungen nicht einfach in Kinder und Reifungsprozesse „hineinpsychologisiert" werden, sondern tiefgreifend wirksames Faktum sind und weitreichende Nachwirkungen haben.

Weitere Impulse für die Märchenarbeit mit Kindern kamen dann während der Fortführung der Lehrtätigkeit von Cordula Pertler an der Fachakademie für Sozialpädagogik der Landeshauptstadt München. Im Laufe der Jahre entwickelten sich im Rahmen des praxisorientierten Unterrichts immer wieder neue Ideen, die stets von Studierenden und Kindern begeistert umgesetzt wurden. So entstand aus den vielen positiven Erfahrungen mit einer lebendigen, ganzheitlich orientierten Märchenarbeit die Idee, diese Anregungen in Buchform einem größeren Kreis von Erzieherinnen und Erziehern zugänglich zu machen.

Ein vertieftes Märchenverständnis in allen Dimensionen und möglichst auch Selbsterfahrung ist wichtig für alle, die Märchenerleben gemeinsam mit Kindern gestalten wollen. Nur so gewinnt man die Fähigkeit, sich intuitiv auf die innere Situation des Kindes einzustellen. Aus diesem Grund sollte man den Abschnitten über Märchendeutung und Symbolik mindestens soviel Aufmerksamkeit widmen wie den praktischen Vertiefungsmöglichkeiten. Das gilt besonders auch für die Übungen, die die „innere Wahrheit" der Märchen erleben lassen. Bruno Bettelheim schreibt dazu sehr drastisch: „Eltern, die aus eigener Kindheitserfahrung vom

Wert des Märchens überzeugt sind, werden keine Schwierigkeiten haben, die Fragen ihres Kindes zu beantworten; ein Erwachsener dagegen, der die Märchen für einen Sack voll Lügen hält, sollte die Finger davon lassen, denn er ist nicht imstande, sie so zu erzählen, daß sie das Leben des Kindes bereichern." (In: „Kinder brauchen Märchen", S. 137)

Das Inhaltsverzeichnis wurde sehr ausführlich gestaltet, so daß alle konkreten Vertiefungsbeispiele zu den einzelnen Märchen leicht zu finden sind.

Ganz besonderen Dank möchten wir an dieser Stelle den Studierenden aussprechen für ihr Engagement und ihren Ideenbeitrag während der Jahre gemeinsamen Erprobens und Erlebens der hier beschriebenen Möglichkeiten der Märchenarbeit.

Dank für die Mitarbeit auch an den Kindergarten Landau links der Isar, den Kindergarten Mariä Himmelfahrt in Bad Aibling und den Städtischen Kindergarten München, Schlierseestraße.

Dem Don Bosco Verlag danken wir für die gute und flexible Zusammenarbeit.

Cordula Pertler
Reinhold Pertler

Märchen und ihre pädagogische Bedeutung

Der Ursprung der Märchen

Märchen sind entstanden aus kollektiven Erfahrungen der Schicksals- und Reifungswege des Menschen. Sie wurden über Generationen hinweg immer wieder durch „Märchenerzähler" weitergegeben und ursprünglich im Kreise von Erwachsenen und für Erwachsene erzählt. Die für die Arbeit mit Kindern wohl wichtigste und gebräuchlichste Form des Märchens ist das *Volksmärchen*, das in seinen verschiedenen Formen einen „Weg des Helden" durch viele Hindernisse und Irrungen hindurch bis zum glücklichen Ende beschreibt. Von den Gebrüdern Jakob (1785–1863) und Wilhelm (1786–1859) Grimm stammt die wichtigste Sammlung deutscher Volksmärchen, die erstmals 1812 erschien und mehrmals von ihnen überarbeitet wurde. An zweiter Stelle kommt das *Kunstmärchen*, das nicht der mündlichen Überlieferung entstammt, sondern Werk eines Dichters ist, der es meist mit einer selbstgewählten psychologisch-symbolischen Zielsetzung verfaßt hat.

Traditionelle und tiefenpsychologische Märchenforschung befassen sich seit etwa Anfang dieses Jahrhunderts mit der Frage, aus welchen psychologischen und kulturellen Faktoren zu einer bestimmten Zeit ein Märchenmotiv entstanden ist. Gesichert ist, daß in vielen Schriftstücken aller früheren Hoch-

kulturen sich Märchenthemen finden lassen und daß einzelne Märchenmotive (wie etwa der Wettlauf des Hasen mit dem Igel) sehr weit, bis lange vor Christus zurückreichen. Darüber hinausgehende Entstehungstheorien müssen sich immer zum Teil auf Vermutungen und subjektive Schlußfolgerungen stützen. Von der psychologischen Betrachtungsebene aus sucht man die Ursprünge in jedem Fall im innersten (persönlichen und auch überpersönlichen) Reifungsprozeß des Menschen, für den schon damals diese Geschichten symbolische Bilder des Unbewußten waren und für den es heute in den vielfältigen therapeutischen Erfahrungen der Märchenarbeit mit Kindern und Erwachsenen genügend Belege gibt.

Märchen in der Pädagogik

Märchen spielen heute eine wichtige Rolle in der Pädagogik. Die in den vergangenen Jahren immer wieder diskutierten Einwände gegen das Märchen (Darstellung von Grausamkeiten, Übermittlung alter, besonders patriarchalischer Hierarchiesysteme, die Betonung einer negativen, unterlegenen Rolle der Frau usw.) können durch Sachargumente und tiefenpsychologisch-therapeutische

Erfahrungen als widerlegt gelten. So findet man bei eingehender Nachprüfung, daß in Märchen sehr häufig aktive und intelligente Frauen die Hauptrolle spielen. Auch die oft zitierten Grausamkeiten haben nicht solch destruktive Wirkungen auf die Psyche des Kindes, wie sich das viele vorstellen. Die Schilderung in den Märchen ist meist so gehalten, daß es „kein Blut und keine Wunden" gibt, die Grausamkeit wird nur als Ausgleichsprinzip zum schrecklichen und ungerechten vorangegangenen Geschehen eingesetzt. An diesem Ausgleich sind die Kinder interessiert, nicht am grausamen Geschehen selber. Das Märchen braucht diese Extreme, um eindringlich im Unbewußten zu wirken, die Bildersprache der Seele hat andere Gesetze als die Realitätsbeschreibung. Hinzu kommt, daß man ja die Märchen der individuellen Zielsetzung entsprechend auswählen und bestimmte Geschichten mit zu abstoßender Wirkung einfach weglassen kann.

Nahezu alle Psychologen, die sich intensiv mit diesem Thema beschäftigt haben, sind deshalb der Auffassung, daß das Märchenerleben für die Entwicklung des Kindes förderlich ist. Und jeder, der schon einmal über längere Zeit Märchenarbeit mit Kindern (und auch Erwachsenen) gemacht hat, weiß aus Erfahrung, wie sehr Märchen „Entwicklungshilfe" für die Kinder, „Erziehungshilfe" für Eltern und „Transformationshilfe" für Erwachsene sein können.

Die psychoanalytisch orientierte Tiefenpsychologie hat in eindrucksvoller Weise herausgearbeitet, wie das Märchen die Lebens- und Reifungsprobleme des Kindes in symbolischer Form für die verschiedenen Lebensstadien aufzeigt: Da geht es um die Ablösung von den Eltern, Geschwisterrivalität, Umgang mit der Sexualität, Identitätsfindung, das Heranreifen zur Beziehungsfähigkeit und Partnerschaft. Den verschiedenen Märchensymbolen und -geschehnissen werden die *psychoanalytischen Entwicklungsstadien* der *oralen, analen, phallischen* und der *Pubertätsphase* zugeordnet. „Hänsel und Gretel" etwa beschreibt in diesem Verständnis mit seiner „Hungerthematik" die Auseinandersetzung mit oraler Gier und Regressionswünschen und die im natürlichen Lebensablauf eintretende Reifung an der Tatsache, daß man nicht auf unbegrenzte Zeit alles von den Eltern haben kann.

Das Märchen bereitet darüber hinaus auch auf Krisen und Probleme vor, die dem Menschen als Erwachsenen begegnen werden, etwa die Konfrontation mit Gut und Böse, mit schwierigen Aufgaben und ihrer Lösung und dem Verhalten in ausweglosen Situationen.

In der Begegnung mit dem Märchen lernt das Kind den Umgang mit den eigenen Seelenkräften. Es kann relativ gefahrlos seine Ängste, seine positiven und negativen Kräfte wie Selbstvertrauen, Wagemut, Mitgefühl oder aber Haß und Wut auf die Märchenfiguren projizieren, dann im Verlauf der Handlung Lösungsmöglichkeiten kennenlernen und erfahren, daß das Gute schließlich siegt, was für unser Tiefenbewußtsein immer wahr ist. Auf diese Weise prägt sich schon dem kindlichen Bewußtsein ein, daß man am Ende doch zur Lösung und Erlösung gelangen kann, auch wenn man zunächst Umwege machen und durch Kämpfe und Schwierigkeiten hindurch muß.

Dem Erzieher kann die Reaktion des Kindes auf das Märchen wichtige Hinweise geben, welche Ängste und Probleme es beschäftigen und welche positiven Entwicklungsmöglichkeiten ihm gerade zugänglich sind. Das kann besonders aus dem *Lieblingsmärchen* deutlich werden, das sich im Normalfall von Zeit zu Zeit ändert.

Wichtig ist die *Nachbesprechung* und das *Nacherleben* des Märchens zusammen mit dem Kind, das mit seinen Gefühlsreaktionen und ungeklärten Fragen nicht alleinegelassen werden darf. Man sollte dabei einfühlsam vorgehen, das Kind zunächst einmal seine Ansichten ganz und unkorrigiert äußern lassen, alle Reaktionen ernst nehmen und nie pauschal abwehren etwa mit Sätzen wie: „Das ist ja nur ein Märchen!" Wichtig ist, auf kleine Signale zu achten, das Unausgesprochene behutsam ins Bewußtsein zu bringen, so daß sich Einstellungen und Gefühle wandeln können. Beispiele für solche vertiefenden Fragen sind: „Was genau macht dir denn an diesem Märchen Angst?", „Was ist so schlimm daran, wenn die Hexe kommt?", „Wie hättest denn du gerne, daß das Märchen ausgegangen wäre?", „Würdest du noch jemand anderen in diesem Märchen mitspielen lassen, wen?", „Wer möchtest denn du selbst im Märchen gerne sein?"

Solch einfühlende Fragen vermitteln dem Kind den Eindruck, daß die im Märchen vorkommenden Ereignisse und Geschehnisse hinterfragt und auch verändert werden können. Die so erfahrene Flexibilität wird sich dann auf den unbewußten Umgang des Kindes mit seinen inneren Energien, seinen Gefühlen, Willensimpulsen und Ängsten übertragen. Dieses einfühlende Nachfragen darf aber keine Deutung sein, auch nicht in Bezug auf die Lebenssituation des Kindes, der Verarbeitungsprozeß im Unbewußten würde dadurch gestört werden.

Die verbale Vertiefung sollte durch weitere Möglichkeiten der Verarbeitung ergänzt werden. So kann man das Märchen malen oder eine Figur daraus darstellen und modellieren lassen. Die „böse Hexe" wird so im wahrsten Sinne des Wortes „handlich", damit beherrschbar und ungefährlich. In einer Kindergruppe oder im Kindergarten ist auch das *Rollenspiel* des Märchens oder ein Märchenpuppenspiel möglich. Auch hier ist die psychologische Führung der Erzieherin oder der Eltern bei der Rollenwahl, bei der Durchführung und der Nachbesprechung entscheidend. Gibt man z.B. einem schüchternen Kind eine Retterrolle, kann es in seinem Selbstwertbewußtsein gefördert werden. Viele Anregungen zu diesem Bereich bietet der Praxisteil.

Bedeutung des Märchens für die kindliche Entwicklung

Unser ganzes Bildungswesen ist immer noch zu sehr auf Wissensvermittlung und Leistungssteigerung, die einseitige Betonung des Intellekts in der Schul- und Erwachsenenwelt ausgerichtet. Die ständig zunehmende Berieselung durch die Medien, die auch schon von Kindern zunehmend am Computer verbrachte Lebenszeit usw. spalten immer mehr ab vom sensiblen Spüren und Empfinden der eigenen Tiefenschichten. Selbstwahrnehmung, der Umgang mit Gefühlen und Ängsten können sich so nicht mehr entwickeln, ganz besonders auch deshalb, weil viele erziehende Personen selbst aufgrund ihrer eigenen Erziehung darin blockiert sind. Da braucht es zum Ausgleich die Sprache des Märchens als Symbolsprache, Sprache der inneren Bilder, als Brücke zu den schicksalswichtigen Kräften der Innenwelt.

Vor diesem Hintergrund sind die vielfältigen positiven Wirkungen der Märchenarbeit heute wichtiger denn je:

• Abbau von Ängsten und Konflikten

Die meisten Märchen vermitteln das Vertrauen auf die eigenen Kräfte, Zuversicht und die Hoffnung auf einen glücklichen Ausgang. Darin allein schon liegt ein kräftiges Gegengewicht zu inneren Ängsten und Konflikten, besonders wenn die Lehren der

Märchen mit allen Sinnen und allen Formen des Erlebens und Agierens verinnerlicht werden. Je umfassender etwas erlebt wird, um so tiefer dringt es ins Unbewußte und um so kräftiger kann es von dort aus seine heilende Wirkung entfalten.

Wie die Transaktionsanalyse nachgewiesen hat, entwirft jedes Kind schon in früher Kindheit seinen unbewußten Lebensplan. Es konstruiert eine plausible Geschichte aus allem, was ihm begegnet und stellt fest: „So ist mein Leben!" Diesen Lebensentwurf findet das Kind in passenden Märchenbildern wieder. Bevor es sich dem wirklichen Leben als Erwachsener stellen muß, können durch geschickten Umgang mit den kindlichen Reaktionen negative Lebenseinstellungen abgeschwächt, Ängste abgebaut und erste Konfliktlösungen eingeübt werden.

• Emotionale und spirituelle Förderung des Kindes

Die Emotionen sind ein tragender Teil all unserer Familien- und Umweltbeziehungen. Die Gefühlskräfte bestimmen weitgehend die Kontakte im außerberuflichen Leben, im Umgang mit dem Partner, mit den eigenen Kindern, mit Freunden, also in den Bereichen, die wesentlich unser „Lebensglück" ausmachen. Trotzdem geht unser Erziehungssystem davon aus, daß sich der Umgang mit Gefühlen gewissermaßen von selbst lerne, nur das intellektuelle Wissen müsse man sich speziell aneignen. In der

Märchenbegegnung ist für das Kind die einzigartige Möglichkeit gegeben, sich mit den eigenen, teils unbewußten Gefühlsregungen auseinanderzusetzen und dazu noch weitere, bisher nicht erlebte Gefühlsreaktionen zu erfahren. Schließlich weisen die Bilder mancher Märchen auch auf den spirituellen, göttlichen Ursprung allen Lebens hin, dem die Kinder oft noch viel näher stehen. Märchenbegegnungen besonders dieser Art können lange weiterwirken und im späteren Leben in Krisenzeiten tragende Kraft entwickeln.

• Entwicklung von Kreativität und Sprachvermögen

Die Märchen entstammen der bilderbauenden Kraft des kollektiven Unbewußten. Eine nachvollziehende Arbeit mit den Märchen führt deshalb wieder intensiv in diese Schichten des Bewußtseins, wo die Phantasie- und Kreativkräfte angeregt werden. Es wurde nachgewiesen, daß Kinder mit viel Märchenkontakt einen größeren Wortschatz haben als andere Kinder derselben Altersstufe. Im Hören, aber ganz besonders in der eigenen sprachlichen Formulierung und Umsetzung der Märcheninhalte finden Kinder gute Anregungen zur Förderung der eigenen Sprachfähigkeiten, umgekehrt aber steigert sich mit dem Wortschatz eines Kindes wiederum sein Erlebnisvermögen.

• Förderung der Sozialentwicklung

Das Kind identifiziert sich im Märchenerleben soweit mit den Figuren, als es der eigenen Interaktionsfähigkeit entspricht. Durch das reale oder nur in der Phantasie stattfindende Rollenspiel beim Märchenerleben erweitern die Kinder ihr Verhaltensrepertoire. Sie werden in ihrer Selbstdarstellung flexibler und können unterschiedlichen Verhaltenserwartungen besser entsprechen. Durch das Einnehmen vieler verschiedener Standpunkte im Rollenspiel wächst die Fähigkeit, sich in die Rolle anderer zu versetzen und Situationen auch aus der Sicht des Gegenübers wahrzunehmen, die Voraussetzung für eine Zunahme an Verständnis und Einklang im sozialen Miteinander.

• Vermittlung von Normen und Werten

Im Märchengeschehen drückt sich die Grunddynamik des menschlichen Daseins in einfachen Gegensätzen aus: Faulheit und Fleiß, Dummheit und Klugheit, Falschheit und Aufrichtigkeit, das Böse und das Gute, der Schwache und der Starke, das Häßliche und das Schöne stehen sich gegenüber im Kampf um Glück und Erfolg, Liebe und Gemeinsamkeit, Ordnung und Gerechtigkeit. Und das Märchen zeigt immer den Sieg der aufbauenden Kräfte, die guten Folgen positiven Wünschens, Denkens und Handelns. Dieser zwangsläufige Sieg des Guten ist sicher eine extreme Vereinfachung, die

aber der tieferen „ausgleichenden Gerechtigkeit des Seelengrundes" entspricht und dazu
kindgemäß ist.

Man kann sich fragen, inwiefern das Märchen eine Vorbereitung auf das Erwachsenenleben sein soll, wenn in der realen Welt
doch so häufig der Schlechtere und Bruta-
lere zu siegen scheint. Hier muß man sich
bewußt machen, daß wir den so offensicht-
lichen Siegeszug des Schlechten (Krieg, Dro-
gen, Umweltschäden und -ausbeutung überall auf der Welt) nur von unserem kurzsichti-
gen menschlichen Standpunkt aus beobachten – wir haben keinen wirklichen Überblick
über den Gesamtplan der Entwicklung. Das
Märchen gibt uns die Gewißheit, daß es

langfristig zum Sieg des Guten kommt, daß
das Gute siegen wird zu einer Zeit und in
einer Weise, wie wir es uns jetzt nicht vorstellen können. Diesen „guten Ausgang" im
Märchen kann jeder sensible Mensch deshalb
als Wahrheit für sich annehmen, weil die
Möglichkeit der Erlösung von allem Leiden
in der tiefsten Schicht unseres Wesens schon
angelegt und eine erfahrbare Wirklichkeit
ist, von der die Mystiker aller Hochreligio-
nen Zeugnis geben. Und das Märchen
schenkt uns die Erinnerung, die Rückbin-
dung an diese fundamentale Tatsache unseres
Menschseins, ist in diesem Sinne „religiöse
Propädeutik".

Symbolik und Interpretation der Märchen

Märchen kann man von drei Zugangsebenen her verstehen: der psychoanalytisch-tiefenpsychologischen, der schicksalsanalytischen und schließlich der ganzheitlichen (mystisch-religiösen) Ebene. Welche Ebene „zutreffend" ist, hängt teils vom Märchen selbst, aber auch von der Offenheit und Disposition des Hörers ab. Für Kinder ist mehr die psychoanalytische und schicksalsanalytische Auffassung wichtig, die mystische Betrachtungsweise trifft eher für die Entwicklung von Erwachsenen zu.

Psychoanalytische Märchendeutung

Die auf *Sigmund Freud* (1856–1939) zurückgehende *Psychoanalyse* erklärt die seelischen Vorgänge aus dem Zusammenspiel dreier Persönlichkeitsinstanzen (*Es*, *Ich* und *Über-Ich*) in der Auseinandersetzung mit der Umwelt. Das vom Lustprinzip getriebene Es (das Sammelbecken der sexuellen und aggressiven Triebkräfte) lernt im Laufe der Entwicklung, sich mehr und mehr an die Forderungen des Über-Ichs anzupassen, das eine Art Gewissensinstanz ist. Es bildet sich im Laufe der ersten Lebensjahre unter Eltern- und allgemeinem Umwelteinfluß heraus und enthält Normen, Verbote und Gebote sowie korrigierende einschränkende Umwelterfahrungen.

Zwischen den Ansprüchen des *Es*, des *Über-Ich* und den Forderungen der Umwelt vermittelt das *Ich*, die logisch denkende, bewußt erfassende und steuernde Instanz im Menschen.

Treibende Kraft in diesem Geschehen ist die Sexualenergie (Libido) mit ihrem Luststreben, die im Laufe der Entwicklung bestimmte Körperzonen, die für den Umweltkontakt wichtig sind (Mund, After, Sexualorgane, motorische Organe), in einer vorgegebenen Reihenfolge energetisch besonders „besetzt". Diese „psychosexuelle Entwicklung" gliedert sich in folgende Abschnitte: Die *orale Phase* (1. Lebensjahr; Nahrungsaufnahme, Saugen, Beißen), die *anale Phase* (2. und 3. Lebensjahr; Ausscheidung und Zurückhaltung, Trotz, Aggression, Magie), die *phallische Phase* (4. bis 6. Lebensjahr, Erwachen des sexuellen Bewußtseins, Kastrationsangst, Penisneid, Ödipuskomplex), die *Latenzphase* (6. bis 12. Lebensjahr; Triebruhe, Entwicklung des Verstandes) und die *Pubertät* (erste Erprobung der sexuellen Erlebnis- und Beziehungsmuster, Ablösung vom Elternhaus). Werden unter dem Einfluß von Trauma, Verwöhnung oder Versagung die speziellen Entwicklungsaufgaben einer Phase nicht bewältigt, so entstehen Fixierungen, ungelöste Ablaufkomplexe im Unbewußten, die sich in neurotischen Symptomen äußern. Dann sucht der Mensch im späteren

Erwachsenenleben seiner frühkindlichen Situation ähnliche Lebensmuster, Partner und Umgebungen auf, um im „Wiederholungszwang" zu einer Lösung seiner noch immer wirksamen Kindheitsproblematik zu kommen. Von wesentlicher Bedeutung ist der sogenannte *Ödipus-Komplex* im Verlauf der phallischen Phase. Hier muß sich das Kind mit dem Dreiecksverhältnis Vater–Mutter–Kind auseinandersetzen. Der Junge will die Mutter ganz alleine für sich besitzen und den Vater als Konkurrenten ausschalten, beim Mädchen ist es umgekehrt, sie will den Vater als alleinigen Besitz und sieht die Mutter als Rivalin. Beide Problemstrukturen lösen sich im Verzicht auf Vater und Mutter als Partner für das Kind und in der Identifizierung mit den jeweils eigenen Geschlechterrollen. Die eigentliche Begegnung mit einem erreichbaren Partner wird auf die Zukunft verschoben. In der nun folgenden Latenzphase steht die Entwicklung des Verstandes im Vordergrund, bis dann in der Pubertät der eigentliche Beginn der menschlichen Sexualität eintritt.

Nach den weithin bekannten Märcheninterpretationen von Bruno Bettelheim[*] spiegeln sich in den Symbolen und Geschehnissen des Märchens sowohl die psychoanalytischen Instanzen als auch die bedeutsamen psychischen Vorgänge im Laufe des Reifungsprozesses. Bettelheim zeigt an zahlreichen Bei-

spielen, daß Märchen dem Kind eine unschätzbare Projektionshilfe bieten. Er argumentiert folgendermaßen: Die inneren Spannungen und Konflikte, die im Laufe der psychosexuellen Entwicklung im Kind entstehen, sind zu mächtig, um alleine im Spiel bewältigt zu werden. Deshalb müssen sie nach außen projiziert werden können, auf Puppen, Stofftiere und ganz besonders auf Märchenfiguren. Durch das vielfältige Geschehen im Märchen werden alle Reaktionsmöglichkeiten der Psyche erfaßt, das ist umfassende Hilfestellung zur Verarbeitung. Kinder können solche Geschichten nicht selber erfinden, sie werden aber durch sie zu eigenem Nachdenken, Phantasieren und Kombinieren angeregt. Das Märchen nimmt die Angst vor dem Unbekannten und Bedrohlichen einer neuen Entwicklungsphase. Es sagt in symbolischen Bildern, daß es diese seelischen Zustände und Entwicklungsprobleme gibt, daß sie nur vorübergehend sind und man etwas tun kann, um zu einer guten Lösung zu kommen. Dabei ist das Märchen nicht direkt beeinflussend, es läßt alle Entscheidungen offen, läßt Zeit, aus eigenem Antrieb auf den verborgenen Sinn zu reagieren, wenn es dem Stand der Persönlichkeitsentwicklung entspricht. So läßt das Märchen das Chaos der kindlichen Gefühle ordnen, es führt zur Persönlichkeitsintegration in Einklang mit dem Wirken der Natur und gibt damit Lebenslehren „ohne Zeigefinger" auf symbolische und indirekte Art. Es stärkt das Positive in der Elternbeziehung

---

[*] „Kinder brauchen Märchen", dtv-Sachbuch Nr. 1481, 1976

durch die Einführung eines „bösen Doppelgängers" für die Elternteile und gibt dem Kind für Situationen, in denen es sich hoffnungslos verloren vorkommt, in Retterfiguren (Feen, Vögel usw.) die Hoffnung auf helfende Kräfte in sich selbst oder außerhalb der Familie.

Merkmale der Deutung nach Bettelheim

Das *Es* erscheint in Gestalt eines helfenden oder auch gefährlichen Tieres (Vogel, Wolf, Drache usw.). Auf diese Tiere kann das Kind seine eigenen Es-Impulse projizieren, sowohl die lebensförderlichen wie auch die lebensfeindlichen (Aggression, Vernichtungswünsche, Neid, Haß usw.) und sich so davon entlastend distanzieren. Das *Ich* ist stets der Held eines Märchens, der sich anfangs oft in unterlegener Position befindet und sich später in der Begegnung mit den verschiedensten Kräften und Gewalten bewähren muß. Das *Über-Ich* mit seinen einschränkenden Forderungen oder stützenden Hinweisen wird im Märchen durch Autoritätsfiguren wie Könige, Riesen, weise Alte dargestellt.

Viele Märchen enthalten verschlüsselt den ödipalen Konflikt, von dessen guter Lösung die positive Entwicklung zur Beziehungsfähigkeit abhängt. Sie können dem Kind eine Hilfe sein, mit den für diese Phase typischen widersprüchlichen Gefühlen umzugehen und über Enttäuschungen hinwegzukommen.

Aus der Perspektive des Jungen zeigt sich der Ödipuskonflikt in allen Märchen, in denen der Held Drachen, Riesen, Könige als Gegner ausschalten muß, ehe er die Prinzessin erobern kann. Lebt der Junge seine Phantasien an diesen Märchenfiguren aus, so kann er ohne reale Gefahr den Vater als Rivalen ausschalten und die Mutter als Partnerin erobern. Der Junge kann seinen wirklichen Vater unbeschwert liebhaben, wenn er seinen Zorn auf ihn in der Phantasie durch das Töten des Drachen oder des bösen Riesen ausgelebt hat. Wenn die Mutter selber ihn durch mangelnde Zuwendung frustriert, hofft der Junge auf die zukünftige Begegnung mit einer wunderbaren Frau, der Prinzessin, die ihn mit wirklicher Liebe für alle Enttäuschung mit der Mutter entschädigen wird.

Aus der Perspektive des Mädchens verhindert die reale Mutter die Partnerschaft mit dem begehrten Mann, dem Vater. Das Märchen bietet eine Lösung darin an, daß die Mutter in eine gute Mutter (die aber meist gestorben ist) und eine böse Stiefmutter aufgeteilt wird. Der Zorn des Mädchens auf die Mutter, die ihm den Vater als Partner streitig macht, kann sich so auf die Stiefmutter oder Hexe richten, die dann ohne Angst- oder Schuldgefühle einer schlimmen Strafe ausgeliefert werden darf.

Sehr viele psychische Entwicklungsprobleme im Kindesalter lassen sich ohne Zweifel auf diese Weise gut und auch mit therapeutischen Konsequenzen auf der psychoanalytischen Ebene deuten. Die Sichtweise ist aber erweiterungsbedürftig. So ist es sicher einleuchtend, daß ein Kind im Alter der ödipalen Phase einen Dreieckskonflikt durchmacht; für diese Situation gibt es aber wohl mehr Erlebnisformen als die psychosexuellen Varianten, wie sie die Psychoanalyse anbietet. Das Fixiertsein auf Begriffe wie Penisneid und Kastrationskomplex kann auch den Blick verstellen für ganz andere psychische Abläufe. Bei Bettelheim überwiegt der sehr optimistische Blick auf die psychoanalytisch wirksamen Lösungsvorgaben, die im Märchen selbst schon zu finden sind. Aus der therapeutischen Praxis wird aber klar, daß sich Befreiungen nicht immer so einfach wie im Märchenablauf ergeben, zur Lösung einer Problematik kann es auch notwendig werden, aus dem Märchen „auszusteigen". In diesem Sinne ist dann das Märchen keine Lösungshilfe, sondern dient eher der Problembeschreibung: Die kindliche Psyche baut sich oft nur kurze Abschnitte mehrerer verschiedener Märchen zu einer plausiblen Erklärung der eigenen Schicksalssituation zusammen. Es ist deshalb realitätsgerechter, wenn man nur einzelne Szenen des Märchens je nach Zusammenhang als psychoanalytisches Entwicklungsgeschehen im engeren Sinn deutet. Ergänzende Blickpunkte können sich dann um so leichter aus den im folgenden beschriebenen Weiterentwicklungen der Psychoanalyse ergeben.

Schicksalspsychologische Märchendeutung

Die *Skriptanalyse* ist die „Schicksalspsychologie" unserer Tage und Teilgebiet einer Psychologie der menschlichen Beziehungen, der von *Eric Berne* (1910–1970) begründeten *Transaktionsanalyse* (TA). Sie führt nahezu alle wichtigen Lebensereignisse auf eine Programmierung durch die Umwelt in den ersten Lebensjahren zurück. Schicksal ist demnach die Inszenierung eines „*Lebensdrehbuches*" (life script), das ein Kind unter dem überwältigenden Einfluß der ersten Kindheitseindrücke für sich „schreibt". Die *Transaktionsanalyse* sieht im Märchen eine symbolische Darstellung ganz realer zwischenmenschlicher „Transaktionen" und verbaler „Lebensbotschaften" in der Kindheit, eine Fülle von Lebensmustern, so daß nahezu jedes Kind für seinen unbewußten Lebensentwurf eine passende Geschichte finden kann. Wiederholen sich bestimmte „Lebensbotschaften" oder Transaktionen immer wieder, dann werden sie zu langfristig wirksamen Lebensprogrammen. Man kann sie als Erwachsener aufspüren, wenn man sich – ohne dabei eine Schuld zuzuweisen – an Sätze erinnert, die man immer wieder als Kind gehört hat, etwa:

„Für alles Praktische bist du zu dumm!" – „Du bist nur gesund, wenn du kugelrund bist." – „Du brauchst das doch nicht lernen, ich mach das schon für dich!" – „Trinke – dann bist du ein ganzer Kerl", „Ein Kind darfst du ja kriegen – aber einen Mann brauchst du eigentlich nicht!" Auf diese Weise bildet sich schon in der Kindheit ein ganzer Komplex von Lebensansichten heraus, der in nicht wenigen Fällen voller Fehleinschätzungen und negativer Lebenseinstellungen steckt. So lebt der Erwachsene dann später mit verzerrter Weltsicht in einer „Skriptwelt", einer Art verwunschenen Märchenwelt, die ihn immer wieder dieselben Fehler begehen läßt.

Unabhängig von solchen Botschaften drückt ein Märchen häufig auch eine „ungelöste Ahnenthematik" aus. Bei dieser von *Bert Hellinger* entdeckten *systemischen Sichtweise* entsprechen Märchengeschehnisse nicht inneren Erlebnissen, sondern ganz realen Personen und Ereignissen in der Ursprungsfamilie oder in der Ahnenreihe: So kann etwa das Märchen „Hans im Glück" faszinieren, wenn ein Vorfahre einen totalen Vermögensverlust erlitten hat. „Hänsel und Gretel" kann ganz konkret darauf hinweisen, daß ein Kind in der Familie für einige Zeit weg mußte oder ganz weggegeben wurde. Diese Thematik bleibt dann so lange in einer Sippe lebendig, bis schließlich das ganz Familiensystem zu einem guten Ausglcich, einer „Ordnung der Liebe" kommt.

Es gibt viele Wege, das Lebensdrehbuch zu erkunden. Märchen können in der Therapie wertvolle Hinweise geben, wie sich in der Kindheit falsche Schlußfolgerungen über das Leben gebildet haben. Märchen sind deshalb wichtig, weil sie auf den ersten und damit am tiefsten verankerten Lebensentwurf hinweisen.

Übung „Mein Lieblingsmärchen"

Diese Übung wird Ihnen helfen, die enorme Wirkung von Märcheneinflüssen in der Kindheit bei sich selbst nachzuerleben. So werden Sie sensibler im Umgang mit Kindern und deren Reaktionen bei der Märchenarbeit, besonders beim Rollenspiel.

Setzen oder legen Sie sich entspannt hin, richten Sie Ihr Bewußtsein nach innen und verfolgen Sie Ihr Atmen, bis Sie ruhig geworden sind. Gehen Sie nun im eigenen Tempo zurück in Ihrer Lebensgeschichte, versuchen Sie schließlich, wieder das kleine Mädchen (der kleine Junge) zu werden, das Sie einmal waren. Stellen Sie sich das Haus, die Wohnung vor, wo Sie aufgewachsen sind, das Kinderzimmer, die Spielsachen, die Bilderbücher und Märchenbücher. Nun erinnern Sie sich an die Märchen, die Sie damals besonders bewegt und fasziniert haben, im positiven wie im negativen Sinn, an eine Geschichte, die Sie immer wieder hören wollten oder immer wieder vorgelesen bekamen. Wenn Sie solche Märchen gefunden haben, kommen Sie wieder zurück und schreiben Sie die Titel auf. Lesen Sie nun die Geschichte nun noch einmal ganz bewußt, vielleicht auch laut, und achten Sie dabei auf Ihre Gefühlsreaktionen.

Falls diese Erinnerungsübung bei Ihnen nichts zutage fördert, gibt es eine Alternative: Besorgen Sie sich ein Buch, das möglichst viele Titel von Märchen enthält, etwa die in den Literaturhinweisen empfohlene Sammlung *„Deutsche Märchen"* von Grimm/Bechstein/Hauff. Nehmen Sie sich genügend Zeit, schlagen Sie das Inhaltsverzeichnis auf und lesen Sie dann in Entspannung langsam jeden einzelnen Märchentitel sich selbst halblaut vor. Achten Sie dabei auf Ihre Körper- und Gefühlsreaktionen. Wenn bei einer Überschrift eine deutliche Veränderung Ihres Befindens zu spüren ist, z.B. eine Atem- oder Herzschlagveränderung oder ein „kribbelndes Gefühl", haben sie sehr wahrscheinlich ein persönlich wichtiges Märchen gefunden.

Wenn Sie die tiefere Bedeutung des Märchens für sich aufschlüsseln wollen, machen Sie am besten ein Rollenspiel, bei dem Sie selbst alle Märchenrollen abwechselnd übernehmen. Diese Art der Märchenarbeit verlangt den Mut, sich ganz realistisch auch mit den Schattenseiten der eigenen Person, wie sie sich im Märchen ausdrücken, auseinanderzusetzen. Der Aufwand lohnt sich, denn Sie spielen damit für sich selber viele der Erlebnisformen durch, die ein Kind im Unbewußten bei der Märchenbegegnung haben kann.

Gehen Sie dazu mit Ihrem gefundenen Märchen die im folgenden aufgeführten Schritte durch.

Übung „Die sieben Schritte zur Märchenerfahrung"

1) Finden Sie „durch Spüren" heraus, mit wem Sie sich im Märchen identifizieren; das kann die Hauptfigur oder auch eine Nebenfigur sein, z.B. Aschenputtel oder Rumpelstilzchen.

2) Erzählen Sie noch einmal (laut) sich selbst das Wesentliche des Märchengeschehens aus der Sicht der von Ihnen gewählten Figur *in der Gegenwartsform* so, *als ob das Märchen gerade jetzt geschehen würde*, möglichst lebendig und realistisch.

3) Machen Sie sich eine Liste aller wichtigen Personen, Wesen und Dinge, die im Märchen eine Rolle spielen.

4) Versetzen Sie sich anhand der Liste nacheinander in jedes Märchenwesen hinein, versuchen Sie also, eine Prinzessin, der Wolf, der Jäger, das Rumpelstilzchen, eine Spindel, ein goldener Ball usw. zu *werden*. Spüren Sie dabei: Wie fühlt sich dieses Märchenwesen, dieses Märchending, was will es, was hat es für Absichten? Sie können dieser Figur auch eine Stimme geben, sie laut reden lassen, was sie gerade äußern möchte.

Wenn Sie sich so der Reihe nach mit allen Märchenelementen identifizieren, kann es gut sein, daß Ihnen schon einiges über die Bedeutung aufgeht. Es werden sich wahrscheinlich auch Polaritäten, Kontraste, Konflikte und Spannungen zwischen zwei (oder mehr) Märchenfiguren herausbilden. Stellen Sie also im nächsten Schritt fest:

5) Was ist das bedrohlichste oder unheimlichste Märchenwesen, was die auffälligste Figur, was ist ein unscheinbares, aber für Sie vielleicht persönlich sehr wichtiges Märchenelement? Damit suchen Sie nach *den* Beziehungen im Märchen mit der größten inneren Spannung. Wenn Sie das intensiv genug machen, entstehen mit Sicherheit Konflikte, Widersprüche zwischen zwei Märchenelementen, die sehr wahrscheinlich einem inneren Konflikt in Ihnen selbst entsprechen. Die Arbeit am Märchen nach der *Dialog-Methode* der *Gestalttherapie* bietet eine Möglichkeit, die so gespiegelten Probleme zu klären.

6) Setzen Sie sich auf einen Stuhl, spielen Sie einen der beiden Märchenteile und sprechen Sie zur anderen Märchenfigur, die (in der Vorstellung) Ihnen gegenüber auf einem zweiten, leeren Stuhl sitzt. „Erfinden“ Sie nun nach Ihrem Empfinden und Bedürfnis ohne großes Nachdenken einen Dialog. Wechseln Sie jeweils die Plätze und versuchen Sie, eine Versöhnung, einen Kompromiß zwischen den zwei Märchenwesen zu finden. Sie brauchen dabei nicht im exakten Märchengeschehen bleiben, Ihre eigene spontane Reaktion ist in diesem Augenblick die „Märchenwahrheit“! Wichtig ist dabei, den Dialog nicht nur „im Kopf“ zu führen, sondern dabei auch auf die Gefühle und Körperreaktionen (Freude, Angst, Sehnsucht, Zittern, hastigeres Atmen usw.) zu achten und sie ins Spiel zu bringen, sie auszusprechen. Mit Einfühlung und etwas Glück kön-

nen Sie schon bei diesem Selbstversuch überraschende Einsichten, Deutungen und auch Lösungen des Märchenthemas finden.

7) Wenn Sie das *Ergebnis dieses Rollenspiels* für sich festhalten wollen, gehen Sie so vor: Machen Sie auf einem großen Blatt Papier *vier Spalten* und schlüsseln Sie die Bedeutung des Märchens in Stichworten nach folgendem Schema für sich auf: *Wer bin ich?* (mit welcher Märchenfigur würde ich mich am ehesten identifizieren? erste Spalte), *wer sind die anderen?* (einzeln in die zweite Spalte schreiben), *was mache ich eigentlich* (genau betrachtet) *mit den anderen?* (dritte Spalte) und *was machen die anderen mit mir?* (vierte Spalte). Versuchen Sie dadurch, das wesentliche Handlungsgerüst des Lieblingsmärchens zu beschreiben. So wird Ihnen in wenigen Sätzen *das für Sie persönlich wichtigste Geschehen* im Märchen klar. Fragen Sie sich jetzt selbst: „Spiegelt das Märchen ein Stück von meinem Leben wider, sagt es etwas über mein *Lebensskript?* Wie und in welcher Weise erhoffe ich mir eine Änderung, eine Befreiung?“

Zur Therapie solcher Skripthaltungen muß meist eine ganz individuelle Lösung gefunden werden. Sie kann im Märchenablauf selbst enthalten sein, in anderen Fällen wird es notwendig, „aus dem Märchen auszusteigen“. Die praktische Umsetzung solcher *Lösungsbotschaften* kann mit erlebnisorientierten Methoden, etwa den Übungen der Gestalt-Therapie, erleichtert werden. Hierzu ein einleuchtendes Beispiel:

In einer Märchen-Gruppe will sich eine Frau, Eva, mit ihrer Schneewittchen-Thematik auseinandersetzen. Als erste kritische Szene wird die Begegnung mit dem vergifteten Apfel bewußt, den die Königin in der Maske der Bauersfrau dem Schneewittchen anbietet. Ich konfrontiere Eva im Gestaltdialog mit der Königin. Eva weigert sich zunächst, den Apfel zu essen, macht aber der Königin schon nach kurzer Zeit ein Angebot: „Dann eß' ich halt den Apfel, damit ich Ruhe hab!" Ich schiebe den Stuhl, auf dem die Königin (in der Vorstellung) mit dem Apfel sitzt, ganz nahe an Eva heran, die mit starker Angst reagiert: „Nein, nein, ich eß ihn nicht, iß ihn doch du selber!" Sie stößt die Königin sehr heftig weg.

Die Situation löst sich auf diese Weise nicht. Ich schlage vor, in die nächste kritische Szene zu gehen, in der das Schneewittchen scheintot im Sarg liegt und auf den Prinzen wartet. Eva spielt die Szene, legt sich auf den Boden und lebt sich intensiv in die Rolle hinein. Es geschieht nichts für längere Zeit. Ich ignoriere ganz bewußt die von Eva „ausgestrahlte" Botschaft an mich: „Komm jetzt und laß dir was einfallen, daß sich meine Spannung löst." Damit nämlich würde ich nur die Prinzenrolle übernehmen. Minutenlang kommt von mir als Therapeut keine Reaktion, die Gruppe schweigt, ich schweige. Plötzlich bricht es aus Eva heraus: „Ich helfe mir selber, ich brauch' dich nicht!" Es kommt Leben in sie, sie springt fast aus dem Liegen auf die Beine, kommt so in eine auf-

rechte, selbstverantwortliche Position. Jetzt ist der Zeitpunkt da, einen Gestalt-Dialog mit dem Prinzen (auf dem leeren Stuhl) anzuschließen: „Ich finde eine andere, gleichwertige Beziehung zu dir. Ich bin nicht mehr das hilflose Opfer, für das du Retter sein sollst." Dabei wird Eva zum ersten Mal klar, wie sie in ihrem Leben, in ihrer Partnerschaft „Schneewittchen spielt". Angeregt durch diese Gestalt-Arbeit findet Eva in den folgenden Wochen Ansätze und Möglichkeiten, auch ihre reale Beziehung positiv zu verändern.

Übung: Versuchen Sie nun, für Ihre eigene Lebensthematik, so wie sie sich in Ihrem Lieblingsmärchen widerspiegelt, einen ähnlichen „Befreiungssatz" zu finden.

Ganzheitliche Märchendeutung

Ein dritter Deutungszugang besteht darin, in den Bildern und Wegbeschreibungen der Märchen einen für alle Menschen gültigen Weg in die eigene Tiefe und zur religiösen Erfahrung zu sehen. Die Märchen sind dann nicht nur eine Darstellung von psychosexuellen Entwicklungsschritten und Reifungskrisen, sondern symbolische Darstellung des Menschen in seinen umfassenderen Entwicklungsmöglichkeiten bis hin zum höheren Entwicklungsziel der Ganzheit und Erlösung. *C. G. Jung* (1875–1961), der Vater der *Analytischen Psychologie*, hat als erster Psychologe im Westen diese Sichtweise entdeckt und die psychologischen Dimensionen dieses Weges herausgearbeitet.

Unser Schicksalsweg ist in Wirklichkeit ein Weg der inneren Entwicklung und viel mehr von den inneren Kräften, den Kräften der Seele abhängig, als wir das in unserem Tagesbewußtsein ahnen. In der mystischen Betrachtungsweise sind auch die äußeren Schicksalsfaktoren in der Tiefe des Menschen, in der Ganzheit des Selbst, schon angelegt. In religiöser Sprache ausgedrückt liegt alles Geschehen, innen und außen, immer in Gottes Hand. Diese inneren Kräfte der Schicksalsgestaltung sind in ihrer ursprünglichen Form nicht zu fassen, sie sind uns nur in Bildern und Symbolen zugänglich, wie sie sich in Märchen, Sagen, Mythen in unterschiedlichster Form ausgedrückt haben. Sie heißen in der Sprache C.G. Jungs *Archetypen*.

Der Weg der Seele führt aus der Gebundenheit (der Verwünschung, dem Fall aus dem Paradies) zur Freiheit, zur Erlösung, die im Märchen oft im Symbol der mystischen, heiligen Hochzeit dargestellt wird. Bis es dahin kommt, sind eine ganze Reihe von Prüfungen zu bestehen. In der Welt begegnet der Märchenheld herausfordernden und angstmachenden Situationen und Wesen, er muß sich dem Bösen stellen, Versuchungen bestehen, Entscheidungen finden und Rätsel lösen. Auf diesem Weg des Helden erfährt er aber auch, daß es zahlreiche helfende und schützende Kräfte gibt, die ihm zur Seite stehen, wenn er aufrichtig und mit Geduld die

Gesetze des Lebens erfüllt: Mit Liebe im Herzen handeln, Gottvertrauen haben, den ureigenen Weg gehen. Wenn alle Gefahren und Versuchungen überwunden sind, alle schrecklichen und gefährlichen Mächte als Teile meines Selbst, Aspekte meines Tiefenbewußtseins erkannt worden sind, die „Teufel" sich durch Anschauen, Aushalten, Vertrauen in „Engel" verwandelt haben, kommt die Zeit der Befreiung und Erlösung. Schließlich wird die Vereinigung der Gegensätze, die *mystische Hochzeit* erlebt. Und alles, die ganze Welt, das ganze Königsschloß kommt zu neuem, göttlichem Leben.

Die Deutung von Märchensymbolen

Bei der Interpretation von Märchensymbolen ist die Entsprechungsebene entscheidend wichtig. Auf der Ebene der *Entwicklungspsychologie* sind die Märchen anders zu deuten als auf der Schicksalsebene (Skript) und auch anders als auf der *mystischen Ebene*, wo ein Weg beschritten wird, der über das normale Alltagsbewußtsein hinausführt. Zu beachten ist auch, daß letztlich nur die individuelle Deutung und Bedeutung eines Symbols, das persönliche Erleben, einen Wert haben kann. Die folgenden Deutungsvorschläge können helfen, sich selbst tiefer in ein Märchengeschehen einzuleben und die eigenen Deutungsfähigkeiten zu erweitern.

▧ *Stadt, Schloß, Burg* oder *Berg* kennzeichnen meist den Schauplatz des Geschehens, also die Welt mit ihren Erlebniszusammenhängen. Berge können auf Schwierigkeiten oder aber auch auf ihre Überwindung, also Weiterentwicklung und Aufstieg, verweisen. In ganzheitlicher Sicht sind Schloß, Stadt oder Berg in ihrer verwunschenen Form Symbole für das beschränkte Bewußtsein des Menschen, der sich und die Welt nur als materiell begreift. In der verwandelten, erlösten Form sind sie Symbol für das Ziel, das Bewußtwerden der Tatsache, daß alles Leben, die ganze Welt, in Gott schon geborgen und erlöst ist.

- Der *Wald* kann für die unbekannte und gefahrvolle Außenwelt stehen, dann für das Unbewußte des Menschen, für die Tiefen seiner Gefühlswelt, gelegentlich auch für seelische Finsternis, Depression und Isolation. Psychoanalytisch und skriptpsychologisch steht der Wald oft für das Leben in der Erwachsenenwelt mit seinen gefährlichen, versucherischen und herausfordernden Aspekten.

- Das Betreten einer *Höhle*, der Sprung in einen *Brunnen* („*Goldmarie und Pechmarie*") stehen häufig am Beginn der Auseinandersetzung mit dem eigenen Unbewußten. Besonders den Brunnen kann man auch als Symbol für den *Geburtskanal* sehen, mit dem unsere fundamentalsten Lebenserfahrungen verknüpft sind: Erlebnisse im Mutterleib und bei der Geburt bestimmen entscheidend den Inhalt unseres Unbewußten, formen die Einstellung

zu Lebensthemen wie: Nähe erleben, Durchbruch und Lösung von Lebenskrisen, Sexualität, Beziehungsfähigkeit, Elternschaft.

- Das *Tier* oder der *Tierpartner* bedeutet den unbewußten, animalischen, körpergebundenen Teil in uns, der auf die Erlösung wartet. Es stellt oft unsere *wahre Ergänzungshälfte* in ihrer verwunschenen Form dar (in „*Schneeweißchen und Rosenrot*" ist das der Bär, durch dessen Fell Gold hindurchschimmert). Auf psychoanalytischer Ebene drückt der *Tierbräutigam* aus, daß Sexualität zunächst vom Kind als etwas Tierisch-Abstoßendes empfunden wird, das erst nach entsprechenden Reifungsprozessen seine positiven, freudigen Aspekte hergibt.

- *Wilde Tiere* wie *Wolf, Bär* oder *Drache* sind Bilder für die als unheimlich empfundene sexuelle Triebkraft und Aggressivität des Männlichen, aber auch für die Triebhaftigkeit des eigenen Unbewußten. *Hilfreiche Tiere* symbolisieren positive Reaktionen des Schicksals auf unsere aufbauenden Gedanken und Handlungen. Was wir einst an gutem Willen ausgesandt haben, kehrt zur rechten Zeit helfend zu uns zurück. *Vögel* zeigen Verbindung an mit höheren Welten, sind Zeichen dafür, daß sich jemand an den Himmel, also die höheren helfenden Kräfte, gewandt hat, um Hilfe zu erhalten („*Aschenputtel*", dem am Grab der Mutter von den Tauben geholfen wird).

▨ Die geöffnete *Blume* stellt das sich entfaltende und schließlich ganz für die Allgegenwart Gottes „geöffnete" Bewußtsein des Menschen dar. *Die aufblühenden Rosen* um Dornröschens Schloß zeigen so in ganzheitlicher Sicht, daß das Bewußtsein für die Erlösungserfahrung gereift ist. Die Psychoanalyse sieht *Blumen,* besonders die *Rose,* als Symbol der Liebe zwischen Vater und Tochter; die gebrochene Blume bedeutet erste Sexualität.

▨ Die *echte Mutter* (die im Märchen oft schon gestorben ist) steht für den lebendigen, gesunden Kontakt mit den Naturkräften, mit den Kräften des eigenen Körpers, des eigenen Unbewußten. Der *Tod der Mutter* leitet eine Entwicklungsphase ein, in der die naive, unbewußte Einheit mit dem Leben, das unbewußte Gutsein, zu Ende ist und man sich mit dem bisher verdrängten, negativen Teil seiner Psyche auseinandersetzen muß. Dann kommt es zur Begegnung mit der Stiefmutter oder Hexe, dem dunklen, irdischen Aspekt des Unbewußten, der sich der Erlösung und Verwandlung widersetzt, mit allen Mitteln das Ego stärken und am Leben erhalten will. In psychoanalytischer Sicht zeigen *Mutter* und *Stiefmutter* die vom Kind so erlebten „guten" und „bösen" Seiten der leiblichen Mutter an, noch gesteigert im Bild der *Hexe,* die dem Kind oft mit magischen Mitteln nach dem Leben trachtet.

▨ *Riesen* können für große Hindernisse im Lebenskampf stehen, aber auch den eigenen Größenwahn bedeuten, den überzogenen Machtanspruch des Ego. Das „*tapfere Schneiderlein*" muß sich so nicht nur mit äußeren riesenhaften Kräften, sondern auch mit magischen Größenphantasien auseinandersetzen. In psychoanalytischer Sicht stehen die Riesen für die furchteinflößenden, mächtigen, unberechenbaren Erwachsenen, an erster Stelle die Eltern. Hierzu rechnen als *Vaterfiguren* auch alle übermächtigen männlichen Figuren wie die *Drachen,* der fürchterliche „*Geist in der Flasche*", der *wilde Mann* im „Eisenhans". Sie helfen als Projektionsfiguren dem kleinen Jungen bei der Lösung seines Ödipuskonfliktes, können aber auch beim Mädchen bedrohliche Aspekte des Vaters darstellen; so kann der „Geist in der Flasche" in naheliegender Deutung Vatersymbol für die Tochter eines Alkoholikers sein.

▨ Die *Hochzeit* drückt in normalpsychologischer Sicht aus, daß man erwachsen und liebesfähig geworden ist. In der Jungschen Psychologie ist die Heirat ein Bild der errungenen menschlichen Ganzheit (Integration, Individuation), in noch tieferer Sichtweise Bild für eine religiös-spirituelle Tiefenerfahrung, in der die immer wirkende menschliche Sehnsucht nach einer Ergänzungshälfte in einer Gotteserfahrung letzte Erfüllung findet.

▨ Das *Kind* bedeutet den in der Tiefe unseres Wesens immer wirkenden Drang nach Wiedergeburt und Neubeginn, nach Selbstverwirklichung und innerer Erneuerung. Auf der psychoanalytischen Ebene „bekommt" man das Kind als Belohnung für die gelungene Lösung des Ödipuskonfliktes: Die Geburt von Kindern nach der Hochzeit beweist, daß man selbst beziehungsfähig geworden ist.

Märchendeutung auf den verschiedenen Ebenen

Ähnlich wie bei der Traumdeutung muß die Deutung eines Märchens immer auf den betreffenden Menschen, das betreffende Kind und seine Lebensumstände bezogen werden. Für den Erziehenden ist es deshalb besonders wichtig, bei der Märchenbetrachtung für alle Deutungsebenen offen zu sein und so sensibler zu werden für mögliche Resonanzen bei sich selber und bei den Kindern. Märchentherapie im eigentlichen Sinne sollte man den Fachleuten überlassen, aber mit persönlichem Erlebnishintergrund und Selbsterfahrung kann man als Erzieher/ Erzieherin besser mit den Reaktionen der Kinder umgehen und passende Anregungen und Entwicklungsimpulse durch geschicktes Fragen und Reagieren geben.

Märchenerleben in der Kindheit kann für den Erwachsenen noch hilfreich sein. Wohl kaum jemand könnte auf die Frage antworten: „Was war denn Ihr unbewußter Schicksalsentwurf in der frühen Kindheit?", viele aber können sich noch an die Lieblingsmärchen von damals erinnern. In kritischen Lebenssituationen können durch sie Ansatzpunkte für therapeutische Veränderungen gefunden werden, die ohne die Märchenbegegnung in der Kindheit nicht möglich gewesen wären.

Bei der Arbeit mit Kindern bleibt die mystische, ganzheitliche Perspektive des Märchens zunächst im Hintergrund. Da die in der Kindheit erlebten Märchenbilder aber sehr lange ins Erwachsenenleben hinein weiterwirken, ist es durchaus sinnvoll und wertvoll, auch für Kinder mystische Märchen zu bringen und so schon im Vorfeld eine spirituell-religiöse Entwicklung zu fördern (siehe das Märchen vom eigensüchtigen Riesen).

Deutung des Märchens „Froschkönig"

Auf einer allgemeinen *Erziehungsebene* spricht das Märchen über Themen und Verhaltensweisen wie: Sorglosigkeit, Dankbarkeit, Konsequenzen aus Versprechen ziehen, sich auch mit solchen Dingen und Menschen anfreunden zu lernen, die einem auf Anhieb nicht so sympathisch sind.

Die psychoanalytische Sichtweise findet im Märchen die symbolische Darstellung unbedingt notwendiger psychosexueller Reifungsschritte des Mädchens. Der goldene Ball steht für die naiv-unbewußt erlebte seelische Unversehrtheit und Ganzheit des Mädchens, die es verliert, wenn es zur Bedeutsamkeit sexueller Vorgänge, zur Begegnung mit dem Männlichen, erwacht. Der Mann in Gestalt des Frosches wird zunächst als abstoßend erlebt, bis es schließlich über mehrere Reifungsschritte hinweg zur partnerschaftlichen Begegnung kommt. Die Wandlung wird übrigens auch vom Frosch verlangt, der sich von seinen Formen des infantilen Zugreifens auf die Prinzessin lösen muß. Die Märchenbilder sprechen für typische Pubertätserfahrungen, in denen anfangs nicht nur der andersgeschlechtliche Partner abgelehnt, sondern auch der eigene Körper als häßlich empfunden wird. Erst allmählich kann man mit einem gewandelten Selbstbild die eigene Sexualität und die des Partners akzeptieren.

Die skriptanalytische Betrachtungsweise begreift das Märchen als symbolische Darstellung *ganz bestimmter* Umwelteinflüsse oder -geschehnisse, unter denen ein Mädchen aufwachsen muß. Es bekommt aus der Umwelt Botschaften (nicht nur verbal, sondern auch über „Ereignismuster"), die ihr das Männliche als ekelhaft (aber zugänglich und hilfsbereit) oder positiv-erstrebenswert (aber in der Realität unerreichbar) darstellen. Eine Frau mit einem entsprechenden „Froschkönig-Skript" sucht sich im Leben dann ständig „Frösche" als Partner: Männer, die überhaupt nicht zu ihr passen, aber „lieb, nett und hilfsbereit" sind. Sie können nur „Helfer" sein und die „goldene Kugel holen", werden aber nicht wirklich als partnerschaftsfähig akzeptiert. Hinter diesem Verhaltensmuster wirkt (bei beiden Geschlechtern!) ein inneres „Eheverbot". Falls eine Frau sich doch in solch ein Beziehungsmuster einläßt, wartet

sie meist vergebens darauf, daß sich der betreffende hilfsbereite Mann in einen Prinzen, also den eigentlich erwünschten Partner, verwandelt.

Die mystische Betrachtungsweise sieht in der goldenen Kugel das Symbol für das kostbare ursprüngliche Leben in und mit Gott, die unpersönliche Ganzheit und Vollkommenheit. Wir müssen zunächst das Erlebnis des Verlustes haben, weil wir gar nicht bewußt wissen, welchen Schatz wir in unserem Herzen tragen. Durch Kämpfe und Konflikte hindurch müssen wir dann wissend und weise werden und schließlich zur bewußten Religio, zur Verbindung mit Gott in der Welt, inmitten der Erscheinungsformen, finden. Der Weg dorthin führt über die Einswerdung, ganz besonders mit all den Dingen, von denen wir uns abgespalten fühlen. So muß die Prinzessin, die menschliche Seele, entdecken, daß die „Häßlichkeit" im Frosch (in der Welt, im Partner) ein Spiegelbild des eigenen Inneren ist, ein Ausdruck der Weigerung, sich mit schwierigen, ungelösten Problemen in Beziehung und Partnerschaft selbst auseinanderzusetzen. Wir finden nur dann zur Ganzheit, zur mystischen Hochzeit, wenn wir uns auch in der konkreten Partnerschaft auf die vorhandenen Schwierigkeiten einlassen und sie zu lösen lernen. Wenn die Prinzessin mit dem Frosch wirklich in Kontakt kommt, seine Häßlichkeit als Projektion begreift, geschieht die Verwandlung, und zwar auf zwei Ebenen: Die Beziehung zum konkreten Partner wandelt sich, und parallel dazu wird *eben dadurch* in der eigenen Tiefe die Begegnung mit der wahren Ergänzungshälfte möglich, die die Basis ist für eine religiöse Tiefenerfahrung, die Begegnung mit Christus. Hochzeit mit dem Prinzen bedeutet dann: Mithineingenommensein in das göttliche Leben, in die Erlösungswirklichkeit. Dieses zutiefst befreiende Erlebnis der Erlösung findet ihren körperlichen Ausdruck darin, daß dem eisernen Heinrich das Herz frei wird, die drei eisernen Bande von der Brust abspringen. In der Schilderung des treuen Heinrich am Schluß des Märchens wird noch einmal ganz deutlich, daß es um die *Verwandlung zur Erlösung* geht: Der eiserne Heinrich ist Symbol für den Körper des an „Herzweh" leidenden Menschen, der Frosch für dessen beschränktes Bewußtsein, das als verwunschener Prinz zur Erlösung die Kraft des Weiblichen, der Hingabe, der Einswerdung mit den Dingen braucht.

Literatur zur Vertiefung

– *Als Märchensammlung*, zum Nachlesen und zur Auswahl von Märchen empfehlen wir:
Bechstein/Grimm/Hauff: *Deutsche Märchen*, Knaur TB 1219, Droemersche Verlagsanstalt München (o. J.)
– Märchen als Erziehungshilfe werden behandelt in:
Bettelheim, Bruno: *Kinder brauchen Märchen*, dtv-Sachbuch Nr. 1481, dtv-Verlag, München 1984. Dieses Buch sollten Sie unbedingt lesen, auch im Sinne einer Selbsterfahrung. Nehmen Sie sich die Zeit, die vielen Kindheitserinnerungen, die beim Lesen aufsteigen können, zuzulassen und ihnen nachzuspüren.
Schaufelberger, Hildegard: *Märchenkunde für Erzieher*, Herder Verlag, Freiburg 1987 (darin auch Literatur zu Entstehung und Herkunft des Märchens)
Schäfer, Marzella: *Märchen lösen Lebenskrisen*, Herder TB 1076, Herder Verlag, Freiburg 1983

– *Der Weg zur Ganzheit im Märchen* (nach C.G. Jung) wird behandelt in:
Franz, Marie-Louise von: *Die Suche nach dem Selbst*, Kösel Verlag, München 1985
– *Über Skript-Analyse* informiert sehr ausführlich:
Berne, Eric: „*Was sagen Sie, nachdem Sie ʻGuten Tag' gesagt haben?*", Fischer TB „Geist und Psyche" Nr. 42 192, Fischer Taschenbuch Verlag, Frankfurt/M. 1983
(Ein faszinierendes Buch, der Klassiker der Skriptanalyse; schon das Lesen kann zur Selbsterfahrung werden!)
– *Die Transaktions-Analyse und Skript-Analyse* wird knapp und übersichtlich geschildert in:
Rogoll, Rüdiger: *Nimm dich, wie du bist*, Herderbücherei 593, Herder Verlag, Freiburg 1976
– Einführung in die *systemische Familientherapie* gibt:
Weber, Gunthard (Hrsg.): *Zweierlei Glück – die systemische Psychotherapie Bert Hellingers*, Carl-Auer-Systeme-Verlag, Heidelberg 1995[6]

Methoden des Erzählens

Die Auswahl des Märchens

Nützen Sie für die Märchenbegegnung auf alle Fälle die Zeit der magischen Phase im Vorschulalter, in der sich die Kinder an Märchen gar nicht satt hören können und auch immer wieder ein und dasselbe Märchen in der Wiederholung hören wollen.

In dieser Entwicklungsphase unterscheidet das Kind noch nicht zwischen Wirklichkeit und Phantasie, belebt und unbelebt, alles in der Umwelt erscheint als lebendes Wesen mit eigenem Wollen und Fühlen. Da die Fähigkeit zum kausalen Denken noch nicht ausgebildet ist, werden Veränderungen und Geschehnisse dem Wirken geheimnisvoller Kräfte in den Dingen selbst oder höheren Mächten zugeschrieben, wie sie ja in den Märchen unzählig oft vorkommen als Feen, Hexen, Zauberer, Zwerge usw. Deshalb erfinden die Kinder oft für sich selbst Spielpartner, die stark sind und sie als Beschützer immer begleiten. In dieser Phase ist das Kind auch emotional durch die Umwelt besonders beeindruckbar, es entwickelt sich die angenehme oder unangenehme emotionale Besetzung von Menschen, Dingen und Orten. Die so entstandenen Erlebensmuster werden sich dann in der Faszination durch bestimmte Märchenszenen bemerkbar machen. Erst mit Beginn des Schulalters kann ein Kind allmählich den objektiven vom subjektiven Be-

reich trennen. Mit etwa acht, neun Jahren geht in der Regel die Märchenzeit zu Ende. Das Denken des Kindes ist realistischer geworden, es versucht, Wahrheit von Unwahrheit, Phantasie von Wirklichkeit zu unterscheiden und sucht ständig nach logischen Erklärungen. Nützen Sie deshalb die Zeit des Vor- und Grundschulalters, und legen Sie hier den Grundstein zum Erleben von Märchen.

Wählen Sie das Märchen dem Alter und der Entwicklungsstufe entsprechend aus. Achten Sie auf den Schwierigkeitsgrad, auf den Aufbau und auf die Länge des Märchens. Beginnen sie nicht zu früh mit den längeren klassischen Märchen, nicht bevor das Kind fähig ist, dem Spannungsbogen der Märchenhandlung zu folgen.

Das Märchen „Der süße Brei" von den Gebrüdern Grimm eignet sich für die jüngsten Kinder, etwa ab drei Jahren. Dies könnte eines der ersten Märchen für ein Kind sein, da es kurz ist, in einer einfachen Märchensprache mit wenig schwierigen Begriffen erzählt und einen relativ einfachen Handlungsablauf hat.

Etwas später, ungefähr um das vierte und fünfte Lebensjahr, haben sich Auffassungsvermögen, Wortschatz und Ausdauer des Kindes weiterentwickelt, es eignen sich also

Märchen mit Länge, mehreren Szenen und ausgeprägteren phantastischen Begebenheiten. Lustige und listige Märchen, Geschichten von Helden, die das Böse besiegen, aufregende Ereignisse im Leben von Königstöchtern, spannende Abenteuer von Prinzen sind jetzt von Interesse für das Kind. Es ist Zeit für das große Angebot der Volksmärchensammlung von den Gebrüdern Grimm. In der Übergangsphase vom Vorschul- zum Grundschulalter können Sie bereits das eine oder andere Kunstmärchen von Hans Christian Andersen, Bechstein oder auch ein Märchen von Oscar Wilde, zum Beispiel „Der eigensüchtige Riese" einsetzen. Auch moderne oder esoterische Märchen finden in diesem Altersabschnitt großen Anklang. Bedeutungsvolle moderne Märchen finden Sie oft in Bilderbüchern. Hier sind die Werke von Janosch zu nennen oder Maurice Sendaks „Wo die Wilden Kerle wohnen", das nun schon zum modernen Klassiker geworden ist.

Auch im Grundschulalter ist das Märchen bei den Kindern sehr beliebt. Sie können die Märchen jetzt schon selbst lesen, ihre Eindrücke aus jüngerer Kindheit vertiefen und so manches erst richtig verstehen. Sie genießen die spannende und heimelige Atmosphäre, wenn ein Erwachsener eine Märchenstunde hält. Selbst wenn sie aus dem Kuschelalter heraus sind, haben Kinder immer noch ein Bedürfnis nach Emotionalität und Wärme, die in einer Märchenstunde vermittelt werden. Wenn die Kinder älter werden, interessieren sie sich oft auch schon für die Symbolik und den Ursprung der Märchen. Ein geeignetes Märchen ist zum Beispiel „Das alte Haus" von Wilhelm Matthießen aus dem Jahre 1923; es zählt zu den modernen Märchenklassikern und ist auch für die fünf-, sechs- und siebenjährigen Kinder interessant.

Letztendlich läßt sich im voraus nicht genau sagen, welches Märchen in welcher Alters- und Entwicklungsstufe genau das richtige ist. Reaktionen der Kinder beim Erzählen oder bei den Vertiefungen der Märchenstunde werden darüber den besten Aufschluß geben. Wenn die Kinder immer wieder nach demselben Märchen verlangen, zeigt dies, daß Sie die richtige Wahl getroffen haben, daß dieses Märchen gerade zu diesem Zeitpunkt im Leben eines Kindes von Bedeutung ist. Später wird es dann mit Sicherheit von einem anderen Märchen mit anderer Thematik und Symbolik abgelöst. Aktuelle Bedürfnisse des Kindes, der Gruppe und aktuelle Themen, wie sie zum Beispiel im Rahmenplan des Kindergartens, dem Lehrplan in der Schule vorgegeben sind, bestimmen die Auswahl des Märchens mit. Auch ist es sinnvoll, die Jahreszeit zu berücksichtigen. „Frau Holle", die es schneien läßt, dürfte im Sommer die Kinder wenig ansprechen. Renate Schmidt-Karakatsanis geht in ihrem Buch *„Mit Märchen durchs Jahr"* (Don Bosco Verlag) ausführlich auf die Zusammenhänge von Märchen und Jahreszeiten ein und bringt für jeden Monat ein jahreszeitlich passendes Märchen mit Vertiefungsmöglichkeiten.

Weil für jedes Alter andere Märchen geeignet sind, sollte in der Regel die Gruppe im Kindergarten nach Alter und Entwicklungsstand geteilt werden. Außerdem bringt die Kleingruppe Vorteile für die Erzählsituation mit sich: Die Atmosphäre wird intimer, die Kinder können ihre seelischen Empfindungen leichter äußern.

Der Einstieg zum Märchenerzählen

Eine positive und freudige Einstellung des Erwachsenen zum Märchenerzählen spüren die Kinder deutlich. Dadurch entsteht innere Verbundenheit, die noch gefördert werden kann durch eine möglichst lebendige und selbsterfahrungsorientierte eigene Beschäftigung des Erwachsenen mit der Märchenwelt. Der Erzähler sollte die versteckte Botschaft, den tieferen Sinn des Märchens auf verschiedenen Deutungsebenen erkannt und gespürt haben und so mit dem Kind besser mitfühlen und miterleben können. Über „innere Resonanz" fällt es dem Kind dann auch leichter, den Schlüssel zum besseren Verständnis seiner selbst in der Geschichte zu finden.

Bei jeder Märchenstunde ist eine Einstimmung, die zur inneren Ruhe führt, von großer Bedeutung für die Aufnahmefähigkeit. Ein schönes Ritual ist es, zur Märchenstunde in der Familie, Kindergruppe oder Schulklasse eine Märchenkerze anzuzünden. Besonders wirkungsvoll ist eine Kerze, die mit verschiedenen Märchenmotiven aus Wachsplättchen von den Kindern verziert wurde (siehe hierzu *„Kerzen bunt gestalten"* von Susanne Ströse, Don Bosco Verlag). Aber auch schon mit mehreren im Raum verteilten Teelichtern können Sie eine schöne, märchenhafte Atmosphäre schaffen.

Das Kerzenlicht, ein halbverdunkelter Raum und eine bequeme, kuschelige Sitzmöglichkeit bereiten einen schönen Anfang für die Märchenstunde. Entspannung und Einstimmung kann besonders durch eine Aromalampe gefördert werden. Sie sollten den Duft passend zum Märchen wählen: Zu „Der süße Brei" beispielsweise Zimtduft, zu „Hänsel und Gretel" Weihnachtsduft, der nach einer Gewürzmischung riecht. Für „Dornröschen" oder „Schneeweißchen und Rosenrot" eignet sich Rosenduft, beim Märchen „Das tapfere Schneiderlein" weckt eine Waldnote wie Tanne oder Kiefer Assoziationen. Für „Wo die wilden Kerle wohnen" wählt man am besten ein exotisches Aroma oder den Duft nach Frische und Meer. Zum Märchen „Der eigensüchtige Riese" würde eine Blumenmischung gut passen, die an den Garten des Riesen erinnert.

Eine starre Sitzordnung wie der Stuhlkreis in einer Kindergruppe nimmt vieles von der gemütlichen Märchenatmosphäre. Bei ersten Versuchen, die Kinder einer größeren Gruppe zum Zuhören in eine Kuschelecke zu setzen, kann es leicht unruhig werden. Schnell aber werden die Kinder die neue Situation als sehr angenehm empfinden und sie annehmen. Erzieherin und Kinder können diesen gemütlichen Rahmen besonders genießen, wenn Kuscheldecken verteilt werden oder wenn jedes Kind sein Kuscheltier mitbringen darf. So wird die Märchenstunde zu etwas ganz Besonderem im Alltag. Ein unruhiges Kind sitzt am besten neben dem Erwachsenen, die Körpernähe beruhigt. Die Gruppe darf in der Erzählsituation ruhig auch sehr nahe zusammenrücken, das verstärkt das Gemeinschaftserlebnis, eine räumliche Distanz erzeugt fast immer auch geistigen und seelischen Abstand.

Wollen Sie einen märchenhaften Einstieg in die Stunde, so lassen Sie die Kinder die Augen schließen und führen Sie diese einzeln an Ihrer Hand in das Märchenland. Eine schöne Möglichkeit ist auch, wenn die Kinder der Reihe nach durch einen Reifen „ins Märchenland steigen" und am Ende der Stunde wieder heraussteigen dürfen. Mit einem großen, verschnörkelten alten Schlüssel vom Flohmarkt darf jedesmal ein anderes Kind imaginär das Tor zum Märchenland auf- und am Ende wieder zuschließen. Sie können selbstverständlich anstelle eines echten Schlüssels auch einen auf Pappe aufzeichnen, ihn ausschneiden und golden anmalen. In der Waldorfpädagogik beginnt die Märchenstunde mit Musikklängen, zum Beispiel auf der Cantele. Dies ist ein Saiteninstrument mit der Tonordnung der Pentatonik. Ein Glockenspiel oder Gitarrenklänge würden sich ebenfalls eignen. Ein japanischer Gong oder eine Klangschale mit lange nachschwingendem Ton sind ideal. Die sehr lang anhaltenden und immer feiner werdenden Schwingungen führen den Hörer gesammelt und aufmerksam in die Märchenstunde, in die Märchenwelt. Doch sollte man stets beim selben Instrument bleiben, das Ritual beibehalten, außer wenn Sie einmal mit märchentypischen Geräuschen beginnen wollen. So können Sie beim Märchen vom eigensüchtigen Riesen zum Einstieg auf einer Handtrommel Geräusche erzielen, die die Schritte des Riesen nachempfinden lassen. Sie fordern dann die Kinder auf, genau hinzuhören, eventuell zu raten, was das sein könnte, und teilen ihnen dann mit, daß sie nun ein Märchen über einen Riesen hören werden.

Es empfiehlt sich immer, vor Beginn der Märchenerzählung schwierige Wörter, fremde Begriffe mit den Kindern zu erarbeiten. Dabei sollten Sie nicht zuviel selbst übernehmen, sondern den Kindern die Chance zur Erklärung geben. Oft können die Kinder gemeinsam Begriffe sehr treffend erklären. Zum anderen gibt es die Möglichkeit, Anschauungsmaterialien mitzubringen. Für die Kinder in der heutigen Gesellschaft ist zum Beispiel ein Spinnrad ein völlig fremdes Gerät, bei Rumpelstilzchen spielt es aber eine bedeutende Rolle. Deshalb sollten Sie sich ein kleines Spinnrad als Modell besorgen und es zeigen, bevor Sie mit dem Erzählen des Märchens beginnen. Bei Frau Holle lassen Sie die Kinder Federn in einem verdeckten Körbchen ertasten. Ein auf Hochglanz polierter Apfel, verdeckt in einem Körbchen, bildet den Einstieg in „Schneewittchen und die sieben Zwerge". Die Kinder fühlen erst einzeln, verraten aber noch nichts. Erst wenn alle dran waren, dürfen die Kinder den Apfel benennen und ihn betrachten. Und dann verkünden Sie: „Dieser Apfel hat im folgenden Märchen eine ganz große Bedeutung!" So informieren und motivieren Sie die Kinder, Sie machen die Zuhörer neugierig und schaffen zugleich einen Einstieg zum Geschehen im Märchen. Falls ein Gegenstand nicht real oder als Modell verfügbar ist, können Sie den Kindern auch eine Abbildung zeigen.

Nun *weitere Einstiegsbeispiele* für die in den folgenden Kapiteln vorgestellten Märchen:

- Beim Märchen „Der süße Brei" steht in der Mitte ein Töpfchen mit Deckel und einem Kochlöffel. Um die Spannung zu erhöhen, wird alles mit einem Tuch oder einer Decke verhüllt. Vorher können Sie die Kinder noch durch die Decke fühlen lassen, was darunter verborgen sein könnte. Dann heben die Kinder gemeinsam die Decke hoch und lüften das Geheimnis.
- Bei Hänsel und Gretel liegen Lebkuchen „vom Hexenhaus" in einer Schale, bedeckt mit einem Tuch. Die Kinder ertasten die Lebkuchen, das Tuch wird von einem Kind weggehoben, wenn alle gefühlt haben und ausgesprochen wurde, was sich darunter wohl befindet. Am Ende des Märchens werden die Lebkuchen geteilt und gegessen – vielleicht mit dem Hinweis, daß die Kinder selbst Lebkuchen backen dürfen.
- Bei „Dornröschen" ist es sinnvoll, eine Spindel zu zeigen und zu erklären, da dies vor allem für Vorschulkinder ein fremder Gegenstand sein mag. Da es sehr schwierig ist, eine echte Spindel aufzutreiben, nehmen sie am besten ein Spinnrad, das es als Modell gibt. Notfalls können Sie auch das (vergrößerte) Bild einer Spindel aus einem Buch oder Lexikon verwenden.
- Als Einstieg zum „Tapferen Schneiderlein" packen Sie einen alten Gürtel aus, auf dem der Spruch des Schneiderleins geschrieben steht: „Sieben auf einen Streich". Am Ende des Märchens darf jedes Kind sich als Schneiderlein fühlen und den Gürtel einmal tragen. Anschließend liegt er in der Verkleidungskiste für weitere Rollenspiele bereit.
- Zu „Schneeweißchen und Rosenrot" stellen Sie in die Mitte einen Korb, in dem ein Plüschbär sitzt, und lassen ihn heraussteigen. Jedes Kind darf ihm die Hand geben und ihn streicheln. Danach sitzt er an Ihrer Seite und hört bei dem Märchen gut zu.

Darüber hinaus sind keine weiteren Einstiegsvorbereitungen nötig, die Kinder sind von Märchen ohnehin fasziniert, so daß die bloße Ankündigung, ein Märchen zu erzählen, oft schon alleine reichen würde, um die Aufmerksamkeit der Kinder wach zu halten.

Der Beginn der meisten Märchen tut ein übriges. Die in die Vergangenheit zurückweisenden Einstiegsformeln wie zum Beispiel „Es war einmal …" oder „In alten Zeiten, da das Wünschen noch geholfen hat …" wenden von selbst den Blick, die Aufmerksamkeit nach innen. Das längst Vergangene kann ja nur ganz tief in der Innenwelt, in der Phantasie wiedererlebt werden.

Erzählmethoden

Eine alte Regel lautet: Märchen sollen erzählt und nicht vorgelesen werden. Durch das Erzählen entsteht größere Nähe zwischen dem Erwachsenen und dem Kind, beide haben eine gemeinsame Sprache, sind gleichrangige Partner. Dies bereitet manchem Erwachsenen Schwierigkeiten. Nur keine Hemmungen, versuchen Sie es einfach! Das Buch kann bei den ersten Stunden noch als Stütze Verwendung finden. Den Inhalt kennt man schließlich aus der eigenen Kindheit, spätestens beim Durchlesen fällt einem alles wieder ein. Lesen Sie das Märchen genau, vielleicht auch mehrmals, machen Sie sich ein paar kurze Notizen zum Handlungsgerüst und achten Sie besonders auf immer wiederkehrende typische Begriffe und Redewendungen. Diese sollten Sie in jedem Fall auswendig lernen und dann beim Erzählen die Kinder zum Mitsprechen auffordern. Kinder lieben diese oft auch in Versform gehaltenen immer wiederkehrenden

Sätze ganz besonders. Wichtig ist, sich jedesmal genau an denselben Wortlaut zu halten, wie überhaupt das ganze Märchen immer mit gleichem Inhalt wiedergegeben werden soll. Die Kinder merken sich alle Details sehr genau und würden sofort Einwände gegen Veränderungen bringen. Falls Sie aus zeitlichen Gründen versuchen, das Märchen abzukürzen, werden Ihnen die Kinder sofort auf die Schliche kommen und dies nicht akzeptieren. Sie fordern das Märchen in voller Länge und mit allen wichtigen Einzelheiten.

Wenn aber die Scheu vor dem Erzählen so groß sein sollte, daß Sie ganz auf Märchenstunden verzichten wollen, ist eine „Vorlesestunde" immer noch besser als gar keine. Da von den Kindern oft dasselbe Märchen gewünscht wird, wachsen Sie sicher im Laufe der Zeit in die Erzählform mit Freude hinein.

Wenn Sie das Märchen weitgehend frei erzählen, können Sie Blickkontakt halten und die Reaktionen der Kinder beobachten. So können Sie gegebenenfalls Szenen abschwächen, beruhigende Äußerungen einfließen lassen und vor allem auch auf spontane Äußerungen und Fragen der Kinder reagieren. So schaffen Sie einen innigen Kontakt zum Kind und eine emotionale Atmosphäre. Mimik und Gestik werden sparsam eingesetzt, damit sie nicht vom Text ablenken, sondern die Aussagen nur unterstreichen. Die Tonlage variiert der Situation angepaßt, kurze Erzählpausen erzeugen Lebendigkeit und Spannung. Fragen an die Kinder werden nur selten eingebracht, allzu viele Fragen zerstören die Sprache, den schönen Text des Märchens.

Schwierige Wörter und Begriffe kann man schon vor dem Einstieg erarbeiten, manche Begriffe klären sich im Textverlauf von selbst. Das Erzählen kann auch mit einem *Tischfigurenspiel* begleitet werden. Sie können selbst hergestellte Figuren einsetzen oder auch Material aus dem Fachhandel verwenden. So gibt es jetzt zu verschiedenen Märchen ein Pappfigurentheater nach altem Brauch („*Phantastisches Papiertheater*" von Hana Vyoralová und Rudolf Seitz, erschienen im Don Bosco Verlag).

Die Erzählung wird noch eindrucksvoller, wenn Sie symbolhafte Requisiten in die Mitte legen: Bei „Aschenputtel" zum Beispiel ein graues Tuch als Symbol für die Hauskleidung, ein glitzerndes Tuch für das Ballkleid, einen goldenen Schuh für die Schlußszene und so fort.

Begleitend zur Erzählung von „Hänsel und Gretel" bietet sich an: Wie Hänsel im Märchen den Weg der Kinder durch den Wald mit Brotstückchen und Steinchen markieren. Wenn die beiden Kinder beim Hexenhaus angekommen sind, legen Sie einen Lebkuchen dazu. Ein Stöckchen (Knöchelchen), das Hänsel der Hexe aus dem Käfig entgegenstreckt, erhöht die Spannung. Zum glücklichen Ende zeigen Sie eine „Gold"-Kette oder stellen eine Schatzkiste hin.

Ein Vorschlag zu „Dornröschen": Das ausgeschnittene Schloß von Seite 81 wird aufgestellt. Symbolisch für Dornröschen legen Sie einen rosa Babyschuh dazu. Wenn von den Feen erzählt wird, dürfen die Kinder für jede gute Fee ein Tülltuch (aus der Rhythmik) und für die böse Fee ein schwarzes Tuch, vielleicht ein schwarzes Glitzertuch, in die Mitte legen. Zum hundertjährigen Schlaf wird das Ganze mit einem weißes Tülltuch (Gardine) verhüllt, und während die Dornenhecke wächst, drapieren die Kinder Gestrüpp und Efeu um das weiße Tuch. Wenn der Königssohn die Dornenhecke durchdringt, wird ein Schwert dazugelegt. Das Tülltuch wird entfernt, wenn das Dornröschen aus dem Schlaf erweckt wird und alles wieder zum Leben erwacht. Zwei Ringe auf einem kleinen Seiden- oder Spitzenkissen erzählen von der Hochzeit und dem glücklichen Ende.

Im Verlauf des Erzählens kann der Erwachsene nicht selten schon innere Konflikte des Kindes an verschiedenen Reaktionen erkennen. Mimik und Gestik sowie Fragen und Kommentare des Kindes geben Aufschluß über seine momentane seelische Verfassung. Ihre Beobachtungen und Erkenntnisse sollten Sie aber in keinem Falle überbewerten, die Reaktion des Kindes kann auch nur für die momentane Situation stehen. Auch sollten Sie nicht über diese Beobachtung mit dem Kind sprechen. Lassen Sie die Kinder lieber in weiteren Vertiefungen die entstandene seelische Dynamik ausagieren.

Abschluß der Märchenstunde

Ein erster Abschluß ist schon in den Schluß-
worten vieler klassischer Märchen gegeben.
Sätze wie „Sie lebten glücklich bis an ihr
Ende" oder „Wenn sie nicht gestorben sind,
dann leben sie noch heute" bringen die Kinder wieder von der Zauberwelt der Märchen
zurück in den Alltag.

Eine ganz wichtige Regel ist, das Märchen
im Anschluß nicht nacherzählen, sondern
erst einmal wirken zu lassen. Bei einer sofor-
tigen Nacherzählung werden die Kinder
überfordert. Sie sind voller Eindrücke, haben
das Geschehen meist lebendig miterlebt, viele Gedanken und Gefühle wurden ausgelöst.
Das Kind ist also erst mit sich selbst und seinen unmittelbaren Reaktionen auf das Märchen beschäftigt, es braucht Zeit, die
Geschichte in tiefere Schichten sinken zu lassen. Besonders jüngere Kinder wären schon
vom Sprachvermögen her beim Nacherzählen überfordert.

Das heißt nicht, daß man über das Märchen
nicht sprechen soll. Nur sollten die Kinder
das erzählen dürfen, was sie am meisten
beeindruckt hat, was ihnen am besten oder
was gar nicht gefallen hat. Am sinnvollsten ist
es, das Erleben durch geeignete Fragen zu
vertiefen, die besondere Reaktionen und
Erlebnisformen eines Kindes bewußt machen. Die pauschale Frage „Hat euch das
Märchen gefallen?" reicht natürlich nicht
aus!

Vielleicht treten bei einzelnen Kindern auch
Fragen auf, die von der Gruppe gemeinsam
beantwortet werden. Wird vom Kind ge-
fragt, ob das Märchen wahr sei, darf man
nicht verneinen oder abschwächen mit Sätzen wie „Das hat jemand nur erfunden!";
sondern gibt zu Antwort: „Ja, im fernen
Märchenland!" Das hilft dem Kind, Ängste
z.B. vor einer Verzauberung oder einer *real*
existierenden Hexe abzubauen und doch
gleichzeitig die psychologische Wahrheit im
Märchen zu bejahen.

Bei den ausgearbeiteten Märchen im zweiten
Buchteil werden Sie einige Beispielfragen
zur Vertiefung für ein anschließendes Gespräch finden. Diese sind natürlich nicht nur
als eigenständige Übung bei einem Gespräch
über das Märchen gedacht, sie können und
sollten auch bei anderen Vertiefungsmöglichkeiten nach Gespür eingestreut werden.
Eine *gute Vorbereitungs- und Selbsterfahrungs-
übung* für Sie selber ist es, wenn sie sich zu
jeder Vertiefungsfrage überlegen, welche
psychische Thematik dadurch im Kind angesprochen sein kann. Abschließend nun noch
einige allgemein gehaltene Anregungen,
welche Art Vertiefungsfragen man stellen
kann.

Einfache Vertiefungsfragen

– Fragen zum unmittelbaren Eindruck, den
  das Märchen gemacht hat: „Was gefällt dir
  an dem Märchen, was nicht? Welche Figur
  im Märchen magst du lieber, warum?"
– Fragen zu Verhaltensweisen, Begriffen,

seelischen Zuständen im Märchen, z.B. „Weißt du, was Schönheit, Häßlichkeit, Neid, Glück ... ist? Hast du das auch schon einmal erlebt?"

– Fragen nach den Motiven einer Märchenfigur: „Warum möchte die Königin Schneewittchen loswerden, die Schönste sein im ganzen Land? Warum das tapfere Schneiderlein in die Welt hinausziehen?"

– Fragen nach anderen Märchen, in denen ähnliches passiert, wo sich z.B. ein Tier in einen Prinzen verwandelt, wo einer am Schluß die Königstochter heiraten darf, wo ein Vogel oder allgemein Tiere einem helfen usw.

Schwierigere Vertiefungsfragen

– Geschichten (allgemein bekannte oder eigene) erzählen, in denen ein Märchenelement, ein bestimmtes Verhalten oder eine bestimmte Eigenschaft die Hauptrolle spielt (z. B. Schlauheit, Schönheit, Tapferkeit, das Gutsein).

– Eine Lebensregel im Märchen den Kindern erklären und von den Kindern dazu Beispiele bringen lassen (nicht gleich Angst haben, wenn man in einer schlimmen Situation ist; das Böse wird schließlich bestraft; Geduld und Ausdauer werden reich belohnt usw.).

– Märchen aus der Sicht einer anderen Figur erzählen lassen, etwa beim Dornröschen aus der Sichtweise des Prinzen: „Ich bin ein Prinz, und ich habe gehört, daß da eine

schöne Prinzessin in einem Schloß schlafen soll und darauf wartet, daß sich jemand zu ihr durchkämpft. Das ist aber nicht so einfach, denn da ist eine große und ganz dichte Dornenhecke um das Schloß herum ..."

– Alternative Handlungsweisen für die einzelnen Märchenfiguren finden (also den Märchenablauf oder das Märchenende verändern): So darf das „tapfere Schneiderlein" am Schluß die Königstochter einfach nicht heiraten, und wenn es noch so viele Riesen besiegt und wilde Tiere bezwungen hat.

Einfache Abschlußmöglichkeiten

Wurde zum Einstieg etwas Eßbares gezeigt, wie der Lebkuchen bei Hänsel und Gretel, wird dies natürlich zum Abschluß genußvoll und mit Begeisterung von den Kindern verspeist.

Kurze und kindgemäße Abschlußmöglichkeiten bietet das Legen mit Steinen und verschiedensten Legematerialien. Hierbei können die Kinder das Märchen sehr individuell verarbeiten, denn jedes Kind legt für sich seine ganz persönlichen Eindrücke. Sehr beliebt sind ganz einfache, kurze Rollenspiele, etwa: Die Kinder dürfen am Ende des Märchens „Schneewittchen und die sieben Zwerge" in Zwerge verwandelt den Raum verlassen. Nach dem Hören des Märchens „Wo die wilden Kerle wohnen" laufen die Kinder als „wilde Kerle" in den Garten und toben sich dort aus. Bei „Hänsel und Gretel" schieben alle Kinder die Hexe in den Ofen. Das allseits und vielen Erwachsenen aus der eigenen Kindheit bekannte Singspiel „Dornröschen war ein schönes Kind" bietet sich bei Dornröschen an.

Freies Malen und Modellieren sind ebenfalls geeignete Abschlußformen. Hier ist am allerwichtigsten, den Kindern *keine* konkreten Aufgaben zu stellen, sie dürfen ganz frei immer das malen oder modellieren, was ihnen am besten gefallen hat. Eine konkrete Aufgabe wird erst später sinnvoll, wenn sich die ersten persönlichen Erlebnisse bei jedem Kind gesetzt haben, sie ihre individuellen Eindrücke verarbeiten und das Märchen wiederholt hören konnten. Ausführlichere Vertiefungsmöglichkeiten erläutern wir im nächsten Kapitel.

Methoden zum Märchenerleben

Allgemeines zum Erleben und Vertiefen des Märchens

Das wiederholte Erzählen von Märchen ist eine wichtige Voraussetzung für weitere Vertiefungsmöglichkeiten. Das Märchen wird mit jeder Wiederholung noch mehr zum gemeinsamen Erlebnis von Erwachsenem und Kind, das Märchen wird vertraut, in seiner Botschaft überzeugend, das Wiedererkennen und das Bescheidwissen in der Geschichte machen Freude. Häufig wünschen sich die Kinder selbst die Wiederholung des Märchens, und unbewußt ist oft auch der Wunsch nach Kontakt und emotionaler Zuwendung dahinter verborgen.

Das unmittelbar anschließende „Nacherzählenlassen" des Märchens ist keine geeignete Vertiefungsmethode, sondern eine Unsitte, die man immer wieder beobachten kann und die keinesfalls den kindlichen Bedürfnissen und Ausdrucksfähigkeiten entspricht. Durch diese Methode löst sich die Märchenatmosphäre, die die Kinder so genießen, sehr schnell auf, das gefühlhafte Angesprochensein wird durch eine Leistungsaufforderung gestört. Geeignetes Ausdrucksmittel ist nicht in erster Linie die Sprache, die sich beim Kleinkind ja erst entwickelt, sondern sind die vielen nonverbalen Möglichkeiten und Aktionen, in denen die verbalen Äußerungen zweitrangig sind. Erst das Schulkind wird mit der Zeit fähig sein, ein Märchen nachzuerzählen, allerdings auch nicht im Anschluß an ein erstes Hören.

Statt sofort eine Leistung zu fordern, sollte man besser dem Kind das Märchen noch einmal in einer anderen Darstellungsform anbieten. Das kann durch ein Schattenspiel, ein Handpuppen- oder Stabfigurenspiel geschehen, das die Kinder als Zuschauer genießen. Das Kind muß hier nicht selbst agieren, es vertieft erst noch einmal durch ein intensives Erlebnis das Märchengeschehen. Wenn durch die Wiederholung eine Vertrautheit mit dem Inhalt geschaffen wurde und das Kind sich mit den verschiedenen Personen und Handlungen unbewußt identifizieren konnte, ist es Zeit für kindgemäße Verarbeitungsmöglichkeiten auf den verschiedensten Ebenen des Ausdrucks.

Aktive Verarbeitungsmethoden sind in erster Linie das Rollenspiel, dann Spiele mit Stabpuppen, Singspiele, die es bereits aus alten Zeiten zu vielen Volksmärchen gibt, das Zeichnen, Malen und Modellieren mit verschiedensten Materialien.

Diese einzelnen Aktivitäten können Sie am fruchtbarsten einsetzen, wenn Sie dabei die folgenden allgemeinen Punkte beachten:

Bei allen Aktivitäten soll das Kind mit seinen Möglichkeiten und Ausdrucksbedürfnissen im Mittelpunkt stehen. Gemalt und gebastelt wird nicht, damit wir eine schöne Dekoration oder etwas zum Herzeigen für die Eltern haben, sondern damit die Kinder Freude am Selbstausdruck haben können! Die Aufgabenstellung soll deshalb möglichst frei sein! „Ihr dürft nun das malen, was euch am besten gefallen hat!" sollte es heißen und nicht „Malt jetzt einmal alle das Hexenhaus und die Hexe". Also bitte niemals aus der Vorstellung eines Erwachsenen heraus das Ausdrucksbedürfnis des Kindes einengen durch zu konkrete Aufgabenstellung!

Jedes Kind erlebt das Märchen anders, so sind die Aufgaben, die Materialauswahl, die Techniken den Fähigkeiten und Bedürfnissen des Kindes anzupassen. Das heißt für den Erwachsenen: das Kind beobachten, behutsam führen und nur dezente Anregungen geben, am wirkungsvollsten in Form von vielseitigem Materialangebot. Sehr wichtig ist es, genügend Zeit für die Aktivitäten zur Verfügung zu stellen. Jedes Kind hat einen anderen Arbeitsrhythmus, und verschiedene Kinder können sich unterschiedlich lange mit ein und derselben Sache beschäftigen. Am besten kann das durch ein gutes und vielseitiges Angebot zum *Freispiel* realisiert werden. Das Freispiel im Kindergarten und Hort, aber auch im Elternhaus ist deshalb ein besonders geeigneter Rahmen für die Ver-

tiefung des Märchenerlebens.[*] Nicht jedes Kind hat gleich im Anschluß an eine Märchenstunde das Bedürfnis, das Gehörte in irgendeiner kreativen Weise wiederzugeben. Ist aber in freier Zeit viel und ansprechendes Material angeboten, kann das Kind seine Reaktionen und Erlebnisse später zum passenden Zeitpunkt ausagieren.

Das Rollenspiel

Das Rollenspiel ist eine der wichtigsten Methoden zur Märchengestaltung. Kinder haben die natürliche Anlage und Begabung zum Rollenspiel, von einfachen Nachahmungsvorgängen bis hin zur Darstellung komplizierterer Handlungsabläufe. Es gehört zu den wichtigsten Spielarten des Kindes im Vorschulalter, entwickelt sich aus dem Umgang mit einfachen Dingsymbolen und dem Wiederholungsspiel und findet seinen Höhepunkt etwa im Alter zwischen 4 und 6 Jahren. Das Rollenspiel bildet für das Kind eine „Brücke zur Wirklichkeit", ermöglicht das Hineinwachsen in die Lebenszusammenhänge, dient aber auch dem Ausdruck und der Verarbeitung inneren Geschehens, innerer Reaktionsmuster, die häufig die spontane Rollenwahl bestimmen. Die im Märchen wiederzufindenden Aggressionen, unerfüll-

---

[*] Ausführlicheres zum Freispiel in: Maria Caiati, Svjetlana Delač, Angelika Müller, *„Freispiel – Freies Spiel?"*, Don Bosco Verlag.

ten Wünsche, Ängste, Erwartungshaltungen fließen in die Gestaltung, in das Ausagieren ein und führen zur Auflösung seelischer Spannungen. In den Worten von Bruno Bettelheim: „Wenn sich das Wunschdenken des Kindes in einer guten Fee verkörpert, wenn es seine destruktiven Wünsche einer bösen Hexe beilegt, wenn es seine Ängste in Gestalt eines gefräßigen Wolfes sieht, wenn die Forderungen seines Gewissens in einem Weisen, der ein Abenteuer besteht, konzentriert sind, wenn sein Zorn und seine Eifersucht von einem Tier, das dem Rivalen die Augen aushackt, übernommen werden – dann kann das Kind endlich anfangen, seine widersprüchlichen Neigungen zu ordnen. Sobald dieser Prozeß beginnt, verringert sich die Gefahr, daß das Kind im unkontrollierbaren Chaos versinkt." (S. 78 f.)

Vorbereitung des Rollenspiels

Der Erwachsene bietet eine Märchenstunde an, läßt diese auf die Kinder wirken und erzählt das Märchen zu einem anderen Zeitpunkt wieder in der Absicht, den Kindern anschließend ein Rollenspiel zur Verarbeitung anzubieten. Solch ein Spielvorschlag wird eigentlich immer von den Kindern begeistert aufgegriffen, nie in Frage gestellt. Der Inhalt, die Personen, die Handlung und die Orte der Geschehnisse sind durch die Geschichte bereits festgelegt.
Eine gute psychologische Vorbereitung für den Erwachsenen ist es, sich erst einmal

selbst in die verschiedenen Märchenrollen einzuleben, sich vorzustellen, man würde in diesem Rollenspiel mitwirken. Nehmen Sie sich Zeit, entspannen Sie sich und fragen Sie sich dann: „Welche Rolle möchte ich gerne übernehmen, welche überhaupt nicht?" und fühlen Sie sich anschließend kurz in die verschiedenen Märchenpersonen und deren Handlungsimpulse ein. So entsteht ein intensiveres Verständnis des Märchens, das Ihnen mehr Flexibilität im Umgang mit den Kinderreaktionen gibt.

Rollenverteilung

Die *Rollenverteilung* unter den Kindern ist der sensibelste Punkt beim Rollenspiel. Hier muß der Erwachsene am meisten ausgleichend steuern. Um in ein neues psychisches Gleichgewicht zu kommen, kann es für die einzelnen Kinder von großer Bedeutung sein, einmal das „Böse", das „Starke" verkörpern zu dürfen oder den „Mutigen", den „Klugen" oder die „Schöne", die „Prinzessin", ausleben zu können. Am besten ist, wenn Sie schon im Vorfeld einige Überlegungen anstellen, welchem Kind Sie eine bestimmte Sprechrolle zutrauen, welches Kind durch eine andere Rolle in seinem Selbstverständnis oder einer Problembewältigung gefördert werden kann. Die Teilnahmebereitschaft der Kinder ist meist groß, fast immer wollen alle Kinder eine Rolle übernehmen. Die spontanen Rollenwahlen entsprechen meist der normalen Verhaltensrolle in der Gruppe, dominante Kinder wollen eine dominante Märchenrolle spielen.

Ein Standardproblem bei der Rollenverteilung ist, daß am Anfang möglichst viele Kinder die gute Hauptrolle übernehmen wollen. Hier sollte man Zeit gewinnen, indem man grundsätzlich erst die kleineren Rollen vergibt. Die „bösen Rollen" werden häufig nicht so gerne angenommen, aus mehreren verständlichen Gründen. Die meisten Kinder wollen von Natur aus gut und stark sein, schon aus dem stärkeren kindlichen Gerechtigkeitssinn heraus und weil auch in der Erziehung entsprechende Werte gesetzt werden. Die Gerechtigkeit zeichnet am Ende des Märchens immer den guten Charakter aus. Dann kommt noch der soziale Aspekt hinzu, daß natürlich kein Kind vor den anderen Mitspielern als böse dastehen will. Ein weiterer Ablehnungsgrund liegt darin, daß die bösen Gestalten im Märchen fast immer eine schreckliche Strafe ereilt, die Hexe wird verbrannt, die Stiefmutter muß sich zu Tode tanzen usw. Die Vorstellung eines solchen Endes macht den Kindern Angst. Hier muß man mit Geschick und passenden Formulierungen argumentieren, etwa:

„Weil du im normalen Leben ein besonders liebes Mädchen bist, darfst du jetzt einmal die böse Fee spielen. Es ist ja nur für kurze Zeit, wir alle wissen ganz genau, daß du nachher wieder ganz anders bist." – „Du kannst uns damit helfen, du bist ganz wichtig für uns, weil wir sonst das Märchen überhaupt nicht spielen können!" – „Eben weil

du ein gutes Mädchen bist, darfst und kannst du das Gegenteil spielen!"

Für Kinder, die sich an größere Rollen nicht heranwagen, gibt es durchaus Möglichkeiten, sie am aktiven Spielgeschehen zu beteiligen. Beispiele für einfachere Rollen sind: Ein Kind spielt einen Baum im dunklen Wald, mehrere Kinder spielen zusammen den Brunnen, aus dem dann der Frosch heraussteigt, andere versuchen, zu zweit ein (Hexen-)Haus darzustellen. Auch die Dornenhecke in „Dornröschen", durch die sich der Prinz hindurchkämpfen muß, kann von mehreren Kindern gut dargestellt werden. Es gibt auch Kinder, die von sich aus ganz unscheinbare Rollen, z.B. einen der Jagdhunde in „Dornröschen" spielen möchten. Wenn die Rollen nicht ausreichen, sollten Sie übriggebliebene Kinder, die sich nicht schnell genug gemeldet haben, keinesfalls nur als Zuschauer einteilen! Erweitern Sie dann schon vorhandene Rollen, den Wald etwa kann man mit beliebig vielen Kindern darstellen, für ein Haus vier statt zwei Kinder nehmen usw. Wenn man sich bei der Vergabe der guten Hauptrollen schwer einigen kann und es viele enttäuschte Gesichter gibt, wird man versprechen, das Märchen ein zweites Mal mit vertauschten Rollen zu spielen, so daß alle zufrieden sind.

Sind die Rollen festgelegt, werden sie am besten gleich schriftlich fixiert, damit keine Probleme entstehen, wenn die Kinder ihre Aufgaben vergessen haben oder plötzlich zwei Kinder dieselbe Rolle übernehmen wollen. Besprechen Sie dann mit den Kindern, wie sie ihre Rollen darstellen wollen, die Kinder haben in der Regel für ihr Spiel ganz genaue und oft auch andere Vorstellungen als der Erwachsene.

Kostüme: Zur Spielbelebung, zur Freude der Kinder und als Identifikationshilfe für die jeweiligen Rollen braucht man noch einzelne Spielrequisiten. Es muß kein vollständiges Kostüm angeboten werden, es reicht den Kindern, wenn sie das wichtigste Attribut zur Verfügung haben: Eine Prinzessin braucht eine Krone, eine Fee einen Schleier, die Hexe einen Stock und so fort. Eine Anleitung zum „Arbeiten von lustigen Märchenkostümen aus Krepp- und Tonpapier" finden Sie im gleichnamigen Büchlein aus der Brunnenreihe (Christophorus Verlag), mit Vorlagen in Originalgrößen.

Raumeinteilung: Auch bei der Raumeinteilung bestimmen die Kinder, sie sagen, wo im Raum das Schloß, der Wald liegt, in welcher Ecke das Hexenhaus steht, von welcher Seite zum Beispiel der König auftritt. Nur wenn Sie diese Vorschläge aufgreifen, wird die Darstellung wirklich zum Spiel der Kinder.

Durchführung des Rollenspiels

Das Märchen wird nun in einzelne Abschnitte aufgeteilt, die Szenen werden gemeinsam besprochen, erarbeitet und vielleicht auch kurz geübt. Zum Spiel erzählt der Erwachsene den Rahmen der Geschichte, die Kinder übernehmen die Dialoge und stellen die Handlung dar. Mit Blickkontakt wird der Einsatz gegeben und verbal nur kleinere Hilfestellung, falls sie überhaupt nötig ist. Der Erwachsene hält sich im Hintergrund und läßt die Kinder agieren. Nach dem Spiel wird sicher von den Kindern eine Wiederholung verlangt, die eine kurze Nachbesprechung des ersten Spiels voraussetzt und einen Rollentausch fordert. Ein guter Abschluß des Rollenspiels ist es, wenn die Kinder etwas essen dürfen, zum Beispiel ein Stück vom Hexen-Apfel aus „Schneewittchen" oder die Brotstücke von Hänsel und Gretel oder einen Lebkuchen vom Hexenhaus. Das sind meist auch die Dinge, die schon zur Einführung beim Erzählen des Märchens den Kindern vorgestellt wurden. Requisiten wie etwa einen Feenhut läßt man die Kinder nur dann mit nach Hause nehmen, wenn sie selber gebastelt wurden.

Varianten des Rollenspiels

Die eben vorgestellte Form des Rollenspiels heißt *geschlossen,* weil das Spielende durch den Märchenausgang vorgegeben ist. Beim *offenen Rollenspiel* erzählt der Erwachsene ein Märchen ohne den üblichen Schluß und gibt dann den Kindern die Möglichkeit, selbst den Ausgang der Geschichte zu bestimmen. Die Kinder schreiben somit ihre ganz persönliche Geschichte und können so noch deutlicher innere Probleme zum Ausdruck bringen und verarbeiten. Bei den klassischen Volksmärchen dürfte dies allerdings nicht immer eine große Wirkung erzielen, denn vielen Kindern sind sie doch schon bis zum Ende sehr gut bekannt. Hinzu kommt, daß nur größere Kinder den Mut aufbringen, das Märchen bewußt zu verändern, jüngere Kinder wollen fast immer an der Originalfassung festhalten.

Das *freie Rollenspiel* wird nur zu einem geringen Grad vom Erwachsenen gelenkt. Die Kinder bestimmen den Zeitpunkt und die Dauer des Spiels weitgehend selbst, sie entscheiden über die Partner und deren Rollen, einigen sich über das Thema, den Verlauf und den Ort des Geschehens. Im Rahmen des „darstellenden Spiels" hat das freie Rollenspiel die größte pädagogische und psychologische Bedeutung. Das Kind kann sich zum innerlich passenden Zeitpunkt äußern und seine Gefühle unbefangen, unbeobachtet und ohne Leistungsdruck ausleben. Der Erwachsene, der diese freie Spielart beobachtet, wird feststellen, daß das Märchen nicht immer originalgetreu nachgespielt wird. Je nach Bedürfnis und Problematik des Kindes werden unbewußt Inhalt und Rollen verändert. Die Phantasie des Kindes kennt keine Grenzen, und dem Kind sind hier im freien Spiel keine Grenzen gesetzt. Kreatives Spielen kann sich voll entwickeln, die Kinder lernen, flexibel zu reagieren, sie können erfinderisch in der Darstellungsweise oder Requisitenbeschaffung werden und Einordnungsbereitschaft oder Selbstbestimmung bei der Partner- und Rollenwahl üben. Und nebenbei lernen sie spielerisch, sich zu artikulieren, in Dialog mit den Spielpartnern zu treten, zu argumentieren und zu verhandeln. Sie als Beobachter sollten sich dabei möglichst im Hintergrund halten, nur bei Gefahr eingreifen und sich nur bei einer Aufforderung durch die Spielgruppe in einer untergeordneten Rolle am Geschehen beteiligen. Meist allerdings werden intensiv im Spiel engagierte Kinder eine Beteiligung des Erwachsenen am Spiel gar nicht wünschen. Der Erwachsene würde eher stören und das Spiel doch indirekt beeinflussen. Eine Einbeziehung des Erwachsenen durch die Kinder hat eher zu bedeuten, daß die intensive Spielphase vorbei ist, sie auf Zuwendung des Erwachsenen in irgendeiner Form stark fixiert sind, oder daß einfach, was sehr häufig vorkommt, wichtige Requisiten zum Weiterspielen fehlen.

Für das freie Rollenspiel ist es deshalb besonders wichtig, daß immer genug Spielmaterial zur Verfügung steht. Der Erwachsene stellt dem Märcheninhalt entsprechende Requisiten und Kleidungsstücke zusammen, die die Phantasie des Kindes beflügeln. Die Kostüme finden in einer „Verkleidungskiste" Platz, die von Zeit zu Zeit, den wechselnden Themen angepaßt, immer wieder mit neuen Stücken aufgefüllt wird. Einzelne Kindergärten und Horte verwenden aus praktischen Gründen anstelle der Kiste einen Kleiderständer oder eine Kleiderstange. So lassen sich die Kostüme ordentlicher und übersichtlicher anbieten. Ein Spiegel sollte ständige Ausstattung des Rollenspielbereichs sein. Die Kinder schlüpfen ja nicht nur in ein anderes Kleid, sie werden auch ein anderes Wesen, und als solches wollen sie sich im Spiegel betrachten. Spielrequisiten lassen sich leicht auch als Vertiefungsmöglichkeit mit den Kindern selbst herstellen. Dazu gibt es Anregungen in einem späteren Kapitel.

Das Spiel mit Figuren und das Schattenspiel

Kinder können beim Figuren- und Puppenspiel das Märchen als Zuschauer erleben oder als Akteure selbst gestalten.

Handpuppenspiel

Mit Handpuppen zu spielen ist bei allen Kindern beliebt. Selbst zurückhaltende Kinder, die sich bei gelenkten Rollenspielen nicht oder nur zaghaft beteiligen, gehen im Handpuppenspiel aus sich heraus. Sie identifizieren sich mit der Puppe, die Bühne gewährt Schutz und Anonymität, und so können sie ungehemmt Eindrücke und Probleme ausagieren. Anders als beim Stab- und Schattenfigurenspiel sprechen hier die Puppen, also die Spieler selbst. Spontane Äußerungen können deshalb dem erwachsenen Zuhörer viele Aufschlüsse über das Seelenleben des Kindes geben. Den Kindern ein Märchen als Puppentheater vorzuspielen oder sie spielen zu lassen, dürfte aber schwierig sein, weil meist die entsprechenden Figuren in Kinder-

garten oder Hort nicht vorhanden sind. Der oft vorgeschlagene Kunstgriff, den Kasperl durch das Märchen führen zu lassen und nur wenige märchenähnliche Puppen einzusetzen, ist unrealistisch. Auch sollten die speziellen Puppen des Kasperltheaters diesem vorbehalten bleiben und nicht in typische Märchenfiguren umgedeutet werden. Eine Lösung gibt es nur, wenn für ein Märchen spezielle Handpuppen besorgt oder eigens etwa aus Pappmachée angefertigt werden.

In der Regel passen die Handpuppen nicht auf die Finger der Kinder. Falls Sie keine Puppen für die Kinderhand besitzen, hierzu ein kleiner Trick: Die Handpuppe wird zur Stabpuppe, wenn Sie in die Öffnung einen passenden Stab einführen. Die Kinder werden nun beim Spiel mit den Puppen keine Probleme mehr haben.

Falls Sie kein kleines Theater besitzen, bieten Sie große Schachteln oder Kisten an. Kinder sind sehr flexibel und erfinderisch, sie zaubern schnell daraus eine Bühne. Oft kann man auch im Freispiel beobachten, wie sehr die Kinder mit dem Spiel an sich beschäftigt sind und gar keine Bühne brauchen. Sie spielen für sich, nicht immer für Zuschauer und häufig nur einzelne Szenen, die sie besonders berühren. Sie geben den Ereignissen im Märchen nach eigenem Wunsch und Bedürfnis eine andere Wendung und bestimmen das Schicksal der Figuren auf ihre Weise.

Stabfigurenspiel

Das Stabfigurenspiel hat den besonderen Vorteil, daß alle Figuren des Märchens von den Kindern selbst aus den verschiedensten Materialien, wie Pappe oder Sperrholzplatten (für ältere Kinder), hergestellt werden können. Die Figuren lassen sich bequem handhaben, sind einfach zu spielen und haben eine große Wirkung auf die Zuschauer. Die Kinder können bei der Ausgestaltung und Ausschmückung durch vielseitiges freies Angebot wie Wolle, Fellreste, unterschiedliche Papiere, Farben, Perlen, Steinchen und Naturmaterialien ihre kreativen Kräfte ausleben. In dieser gestalterischen Arbeit liegt eine erste Verarbeitungsmöglichkeit von Märcheneindrücken, die Auseinandersetzung des Kindes mit seiner „persönlichen Figur" und Problematik, die danach im Spiel noch intensiver fortgeführt wird. Ein praktisches Beispiel zum Bau von Stabfiguren finden Sie im Kapitel „Wo die wilden Kerle wohnen".

Schattenspiel

Eine bezaubernde Variante des Figurentheaters ist das Schattentheater. Es blickt auf eine Jahrhunderte alte Tradition zurück, die in Asien ihre Wurzeln hat und dort zur höchsten Kunstform stilisiert ist. Um ein Märchen-Schattenspiel mit Kindern herzustellen und zu spielen, braucht man kein Künstler zu sein. Die Kinder malen und zeichnen sehr eindrucksvoll und prägnant. Sie bringen auf naive Weise das Typische an einer Figur zum Ausdruck, und gerade dies kommt der Wirkung des Schattenspiels zugute. In einschlägiger Literatur steht immer wieder, daß ein Schattenspiel nur mit größeren, mit Schulkindern, hergestellt werden kann. Wir selbst haben aber oft erlebt, daß auch jüngere Kinder, sobald sie in der Lage sind, mit Stiften und Schere umzugehen, die märchenhaftesten Schattenspiele herstellen können. Außerdem kann die Herstellungsmethode noch weiter vereinfacht werden, wenn die Figuren nur gerissen und mit Tesafilm an einem Draht befestigt werden.

Die Form des Schattenspiels trifft das Bezaubernde, das Märchenhafte einer Geschichte ganz besonders. Alles Geheimnisvolle und Fremde der Märcheninhalte läßt sich durch Licht und Schatten sehr beeindruckend in Szene setzen. Die Bilder des Märchens sind Symbole und Boten aus der geheimnisvollen Welt des Unbewußten, die selbst nie direkt beobachtbar ist. In gleicher Weise wirken die Schatten im Spiel wie geheimnisvolle Abbilder und Träger unsichtbarer Wirklichkeiten, der eigentlichen Wesen und Dinge, die im Verborgenen bleiben so wie der Spieler auch. Das mag die Aura des Geheimnisvollen erklären, die ein Schattenspiel immer umgibt. Durch die einfachen Figuren, die ja lediglich Umrisse sind, durch reduzierte Kulissen hat die Phantasie des Zuschauers den größtmöglichen Spielraum, den man bei einer Märchenaufführung überhaupt geben kann. Die

Reduzierung der Farben beim klassischen Schattentheater auf ein Spiel von Licht und Schatten schafft Eindrücke, in denen absolut nichts die Phantasie des Sehenden stören könnte. Ein gut gespieltes Schattentheater strahlt nicht nur etwas Geheimnisvolles, Spannendes und Märchenhaftes aus, sondern bringt auch Ruhe und Entspannung. Wir konnten bei konzentrationsschwachen, lernbehinderten und geistig behinderten Kindern die Erfahrung machen, daß sie ohne Mühe ruhiger und konzentrierter über einen längeren Zeitraum bei der Sache waren als bei anderen Theaterstücken. Dazu verhilft auch der verdunkelte Raum, der viele ablenkende Umwelteinflüsse ausschaltet.

Herstellen von Figuren und Bühne

Die Herstellung der Figuren fördert das Kind im kognitiven, kreativen und feinmotorischen Bereich und hat dazu noch psychologische Bedeutung. Wählt das Kind selbst die Figur aus, so entscheidet es sich bereits unbewußt für diese Rolle, das Kind identifiziert sich mit dieser Figur und wächst bei der Herstellung in ihre Eigenschaften hinein.

Figuren aus Karton

Der Erwachsene bespricht mit den Kindern, welche Figuren und Kulissen für das Stück notwendig sind, und läßt die Kinder wählen, welche Figur sie anfertigen wollen. Wichtig ist, mit den Kindern die Besonderheiten der Figur gut vorzubesprechen, danach fällt es leichter, mit dem Aufzeichnen zu beginnen. Eine Abstimmung der Figurengröße ist notwendig und leicht zu bewerkstelligen, wenn Sie allen Kindern ein gleich großes Stück Karton geben mit dem Hinweis, die ganze Fläche zu nutzen. Ein nicht zu kleines Format etwa in der Größe von 30 x 40 cm erleichtert den Kindern nicht nur das Zeichnen und Ausschneiden von Details wie Finger, Füße, Nase, sondern wirkt auch wesentlich eindrucksvoller auf die Zuschauer als kleinere Figuren.

Beim klassischen Schattenspiel sieht man die Figuren meist im Profil. Für jüngere Kinder würde diese Darstellungsweise eine Überforderung bedeuten. Sie brauchen aber deshalb nicht auf ein Schattenspiel verzichten. Auch wenn die Kinder die Figuren nur von vorne zeichnen können, ist fast immer ein Erkennen der Gestalt mit mehr oder weniger Phantasie noch gut möglich. Bei Schulkindern ist es jedoch sinnvoll, den Schwierigkeitsgrad zu heben und eine Darstellungsweise der Figuren im Profil zu erarbeiten, zumal diese schon selbst einen anderen Anspruch an ihre Werke haben.

Farbe im Schattenspiel – Lichtquellen

Mit buntem Transparent- oder Seidenpapier, auch mit Folien, und mit einer starken Lichtquelle können sie leicht Farbe in ein Schattenspiel bringen. Die Figuren werden aus dem transparenten Papier gerissen oder geschnitten, wobei hier nur kleinere Formate zum Spielen geeignet sind. Diese kleinen Figuren klebt man mit Tesafilm an ein Drahtstäbchen, das am oberen Ende eine Schlaufe hat und somit eine einfache Führungsmöglichkeit bietet.

Eine andere Möglichkeit ist, Figuren aus Karton an den durchbrochenen Stellen mit verschiedenen farbigen Papieren zu hinterkleben. Durchsichtiges Gewebe wie Spitzen, Borten oder Tüll eignet sich sehr gut zum Experimentieren mit Schatten, wirklich zauberhafte Wirkungen können damit erzielt werden. Je stärker die Lichtquelle, um so intensiver wirken die Farben. Bei einem gut verdunkelten Raum dürfte eine 100-Watt-Lampe reichen. Noch intensiveres Licht bieten Overheadprojektor und Diaprojektor, sehr gut eignet sich eine Niedervolt-Lampe, Lampino genannt (Fachhandel). Mit 6 Volt und 15 Watt bringt sie Punktlicht, die Umrisse werden sehr scharf. Für kleinere Bühnen eignen sich auch Teelichter, eine Kerze oder eine Petroleumlampe als Lichtquelle. Der flackernde Lichtschein verleiht dem Bild eine faszinierende Lebendigkeit.

Bewegliche Figuren

Soll die Figur die Arme und Beine bewegen können (oder ein Tier den Schwanz), so muß dieses Teil getrennt aufgezeichnet und ausgeschnitten werden. Der Drehpunkt wird (mit Locher oder Schere) durchstochen, eine Versandbeutelklammer hält beide Teile locker drehbar zusammen.

Bühnenbau

Zur Herstellung der Spielfläche eignen sich Tücher aller Art, sie müssen nur weiß sein und nicht transparent. Auch mit verschiedensten Papiersorten wie Pergament, Butterbrotpapier, Architekten- oder Seidenpapier erzielen Sie den gleichen gewünschten Effekt.

Eine einfache Methode zur Bühnenherstellung besteht darin, straff eine Schnur von Wand zu Wand zu spannen und daran mit Wäscheklammern Leintücher zu befestigen. Diese Bühne eignet sich für das Spiel mit großen Figuren und auch dann, wenn die Kinder selbst als Darsteller, als Schattenwerfer fungieren. Damit die Spieler beim Figurenspiel nicht gesehen werden, empfiehlt es sich, sie hinter umgekippten Tischen agieren zu lassen.

Für kleinere Handfiguren werden die üblichen Kasperltheater-Bühnen mit Reißnägeln und Leintuch zu Schattenspielbühnen umfunktioniert. Auch große Schachteln werden schnell zur Bühne, wenn Sie eine rechteckige Öffnung ausschneiden. Ein hinter die Öffnung geklebter Bogen Architektenpapier oder Seidenpapier ersetzt das Leintuch. Diese Bühne wird zum Spielen auf den Tisch gestellt.

Spielmethoden

Der Märchentext und Märchenverlauf bleibt möglichst originalgetreu, wird aber auf das Wichtigste reduziert und in spielbare Handlungsabschnitte zerlegt – das können je nach Märchen drei oder vier sein. Personen und Tiere sollten alle dargestellt werden, sie tragen die Handlung. Sprechende Gegenstände müssen nicht unbedingt zu sehen sein, deren Aussehen kann man der Phantasie des Kindes überlassen.

Das Schattenspiel unterscheidet sich in einem wichtigen Punkt vom Puppenspiel. Der Text des Märchens wird nämlich von einem oder sogar mehreren Sprechern vorgetragen, nicht von den Spielern selbst. Der Spieler, vor allem, wenn es ein Kind ist, kann sich beim Bewegen der Figuren nämlich nur schwer an den Text halten. Erfahrungsgemäß werden die Figuren je nach Text auch zu stark bewegt, dies zerstört die magische Stimmung und fördert auch ein Abgleiten der Wirkung ins Lustig-Lächerliche. Im Vorschulalter übernehmen die Erwachsenen die Sprecherrolle, bei Schulkindern kann eine Teilgruppe schon als Sprecher auftreten, während die anderen als Spieler eingesetzt werden.

Je nach Bühne kann sitzend oder stehend gespielt werden. Ideal für den Spieler ist ein Drehstuhl oder ein Drehhocker. Das ruhige Führen wird erleichtert, wenn man die Figuren an der Leinwand auflegt. Die Figuren werden auch von den hinteren Reihen ganz und perspektivisch richtig gesehen, wenn sie hoch genug, etwa 2 cm, über die Spielleiste geführt werden. Wichtig ist, die Führungsstäbe ganz am unteren Ende zu halten, so daß die Hände nicht auf der Leinwand oder der Bühne gesehen werden. Auch ist darauf zu achten, daß kein Kopf eines Spielers im Schein der Lampe zu sehen ist. Die Figuren kommen und gehen jeweils von den Seiten, sehr langsam und fast im Zeitlupentempo. Sie sollen auf der Leinwand *aufliegen* und langsam *geschoben* werden, sie zittern dann nicht, und ihre Bewegungen wirken lebendig und beseelt. Das ist gut einzustudieren! Bewegt der Spieler die Figuren nämlich zu sehr, in einem für ihn „normalen" Tempo, wirkt dies auf die Zuschauer viel zu schnell, fast wie im Zeitraffer, mechanisch und manchmal sogar unsinnig. Eine Ausnahme bilden die bösen oder magischen Figuren wie Hexe oder Teufel. Diese dürfen von unten oder von seitlich oben blitzschnell auftauchen und dorthin auch wieder verschwinden.

Dies sind nicht nur Spieltips für Erwachsene, auch jüngeren Kindern kann man diese Spielmethoden schon vermitteln. Nur darf man nicht erwarten, daß sie im Spieleifer alles gleich berücksichtigen und umsetzen können. Weitere wertvolle Hinweise für die märchenhafte Ausgestaltung von Schattenspielen finden Sie in: Friedrich Reinhardt, Menschen- und Figurenschatten (Don Bosco Verlag).

Kreatives Gestalten

Ausdruck mit Farbe

Malen ist wichtig zur schöpferischen Auseinandersetzung mit dem Märchen. Das Märchen bewegt die Seele des Kindes, die intensiven inneren Bilder fordern zur Umsetzung auf Papier geradezu heraus. Auch Kinder, die in verbalen Äußerungen oder beim Rollenspiel sehr zurückhaltend sind, finden in Farbe und Pinsel eine geeignete Ausdrucks- und Verarbeitungsmöglichkeit. Noch bevor ein Kind zu sprechen lernt, greift es nach Papier und Stift oder Farbe und wählt dies als Mitteilungsmedium. Rudolf Seitz beschreibt in seinem Buch *„Kunst in der Kniebeuge"* (S. 23, Don Bosco Verlag) den bildhaften Ausdruck als Mitteilungsform so: „Die Bildsprache der Kinder ist erst seit dem 19. Jahrhundert Forschungsgegenstand. Es dauerte sehr lange, bis man bemerkte, daß die Kinder so zeichnen, weil das eine ihnen angemessene Sprache darstellt, und nicht, weil sie noch nicht so gut zeichnen können wie die Erwachsenen." Nichts liegt also näher, als den Kindern Farbe und Papier anzubieten.

Uneingeschränktes, freies Ausdrückenkönnen fordert genügend Platz für jedes Kind, großformatiges Papier, ausreichend Farbe von guter Qualität mindestens in den Grundfarben, Pinsel in verschiedenen Stärken. Als Farben eignen sich besonders alle Arten von Wasserfarben. Hier können die Kinder aus dem vollen schöpfen. Kinder im Vorschulalter brauchen besonders große Formate für Papier und dicke Pinsel. Ist wenig Zeit oder Platz für den Einsatz von Wasserfarben vorhanden, so bietet man Wachsmalkreiden in Block- oder Stiftform, Fingerfarben oder Zuckerkreiden (Herstellung siehe Seite 118) an. Vor allem „Malen als freies Angebot" ist gefordert, frei im Anschluß an eine Märchenstunde oder frei im Kindergarten- und Hortalltag. Über das Mittel des spontanen Ausdrucks im Malen läßt sich viel Unbewußtes im Kind lösen und befreien.

In der Regel sind die Kinder durch das Märchen an sich schon genug zum Malen motiviert, es ist also nicht notwendig, die Kinder zu Beginn nach ihren Malideen zu fragen. Auch konkrete Fragen zum Bild sind tabu. Die Kinder erzählen vielleicht zu ihrem Bild, aber im Grunde sollte dem Erwachsenen die Sprache des Bildes reichen. Die Zeichnung ist oft wesentlich aussagekräftiger als das Wort. Während des Malens beobachtet der Erwachsene nur, liefert bei Bedarf Material nach, läßt die Kinder in das Malen vertieft, ohne durch Fragen und Tips zu stören. Die Kinder sollen experimentieren können, um innere Bilder nach außen zu kehren. Das Erarbeiten von Techniken, das Kennenlernen und Mischen von Farben gehört in eine andere Stunde.

Wenn Sie an weiteren Anregungen zum Malen mit Kindern (und Jugendlichen), auch mit therapeutischem Hintergrund, interessiert sind, empfehlen wir Ihnen das ausgezeichnete Buch von Gertraud Schottenloher: *„Kunst- und Gestaltungstherapie"* (Kösel Verlag).

Das Legen

Kinder, die weniger geschickt oder geübt im Malen sind, greifen lieber zu Legematerial als zur Farbe. Durch die vorgegebenen Formen ist ein optisches Erfolgserlebnis eher gesichert. Das Kind kann seine Eindrücke und seine Phantasie mit diesem Material voll ausleben, wenn genügend vielseitiges Angebot vorliegt. Das Legen kommt auch dem natürlichen Beschäftigungsdrang des Kindes sehr entgegen und wirkt gleichzeitig entspannend. Diese Form der Aktivität kann man gut durch meditative klassische Musik oder Entspannungsmusik im Hintergrund unterstützen. Wenn die Zeit keine Grenzen setzt, sollte jedes Kind das Ende seiner Beschäftigung selbst bestimmen können. Auch wäre es ideal, wenn das Gelegte nicht gleich wieder weggeräumt werden muß, sondern zur Bewunderung durch alle, auch die Eltern, länger liegen bleiben könnte.

Fröbel hatte seinerzeit Legematerial entwickelt, das gerade heute wieder in vielen Kindergärten und Horten als ideales Material für die Vertiefungsarbeit aufgegriffen wird. Zum Legematerial gehören Fröbels Legeplättchen aus Holz, bunt lasiert und in den Formen von Quadraten, Scheibchen, Stäbchen, Ringen. Hinzu kommen die sogenannten Muggelsteinchen aus Kunststoff in zwei verschiedenen Größen und in den Grundfarben. Aus der Waldorfpädagogik kommt die Idee, Naturmaterialien zum kreativen Legen zu verwenden: Tannen- und Kieferzapfen, Hölzchen, Zweige und Ästchen, Gräser und Blätter, Baumrinde und Moos, Steine und Steinchen. Sehr beliebt ist bei den Kindern auch Glas, in der Form von Glasperlen, Glaskugeln und Glasnuggets[*]. Kerzen, Tücher aus Baumwolle oder Seide oder selbstgeschnittene Streifen aus Papier ergänzen die Palette. Gelegt wird auf dem Teppichboden oder auf einer langen Stoffbahn. Besonders märchenhaft wirken Samt oder Seide. Hier kann man alte Vorhänge verwenden oder kostengünstig einige Meter vom Restballen im Stoffgeschäft erstehen.

Legen mit Märchenwolle

Ein besonderes Legeerlebnis haben Kinder mit der Zauber- oder Märchenwolle, bekannt durch Märchenwollbilder aus der Waldorfpädagogik. Als Material verwendet man ungesponnene Wolle, auch Wollvlies genannt, möglichst pflanzengefärbt. Angeboten werden am besten viele Farben, in jedem Fall aber die Hauptfarben und beige oder wollweiß für Gesichter und Hände der Figuren. In der Regel braucht man mehr die Blau- und Grüntöne für das Gestalten von Landschaften, Wäldern und Gewässern,

---

[*] Bezugsquelle: *Regenbogenland*, Hyazinthenstr. 19, 80935 München, Telefon: 089/351 66 66.

weniger die roten Töne. Im Fachhandel und auf Hobby- und Christkindlmärkten gibt es zusammengestellte Sortimente in verschiedenen Größen zu kaufen.[*] Den Kindern werden die Wollbällchen übersichtlich und optisch ansprechend in einem Körbchen angeboten. Als Unterlage zum Auftragen der Wolle eignen sich Filz, Sackleinen und andere rauhe Gewebe, an denen die Wolle gut haften bleibt. Mit einer harten Bürste kann man diese Textilien noch etwas mehr aufrauhen. Bei der Farbwahl für den Bildhintergrund nimmt man bereits Einfluß auf die Stimmung der gelegten Szene. So können Sie für ein Märchengeschehen, das im tiefen Wald oder in der Nacht spielt, einen dunklen und für eine Szene in einem Schloß einen hellen Hintergrund verwenden. Für Gemeinschaftsarbeit wie auch für Einzelbeschäftigung bietet man wie auch beim Malen am besten große Formate an.

Zur Technik: Mit der Wolle kann alles gelegt werden, was das Kind auch malen würde. Die Kinder überlegen sich erst, was sie darstellen wollen, und einigen sich dann, was im Bild wohin gelegt wird. Dann werden vorsichtig aus Wollvlies-Bällchen kleinere Teile gezupft und diese auseinandergezogen, bis sie wie zarte Schleier aussehen. Mehrere kleine Schleier auf dem Filz aneinander gelegt ergeben dann die Darstellung. Es kann

hinzugefügt oder wieder weggenommen werden, bis die Szene der Vorstellung entspricht. Die Schichten sollen so dünn wie möglich sein, dadurch können mehrere Farben übereinander gearbeitet werden, so daß sich ein plastischer Eindruck ergibt. Das Gelegte darf aber auch so dünn sein, daß der Filz im Hintergrund durchscheint.

Diese Bilder halten ohne Kleben und ohne Nähen, denn die Fasern der Wolle verhaken sich mit denen der Unterlage. Die gelegten Bilder bleiben auch dann haften, wenn man sie an die Wand hängt. Jederzeit können die Wollschleier wieder abgenommen und anderweitig kombiniert oder wieder zu Wollbäuschchen zusammengedreht und in einem Körbchen aufbewahrt werden.

Weitere Anleitungen und schöne Beispiele finden Sie in *„Gestalten mit farbiger Wolle"* von Dagmar Schmidt und Freya Jaffke (Verlag Freies Geistesleben). Darin finden Sie auch weitere Bezugsquellen für Märchenwolle.

---

[*] Bezugsquelle: Wollspinnerei Georg Schlehaider & Sohn, 94149 Kößlarn.

PRAXISTEIL

Der süße Brei

Es war einmal ein armes, frommes Mädchen, das lebte mit seiner Mutter allein, und sie hatten nichts mehr zu essen. Da ging das Kind in den Wald, und da begegnete ihm eine alte Frau, die wußte seinen Jammer schon und schenkte ihm ein Töpfchen, zu dem sollt es sagen: „Töpfchen, koche!", so kochte es süßen Hirsebrei, und wenn es sagte: „Töpfchen, steh!", so hörte es wieder auf zu kochen. Das Mädchen brachte den Topf seiner Mutter heim, und nun waren sie ihrer Armut und ihres Hungers ledig und aßen süßen Brei, sooft sie wollten.

Auf eine Zeit war das Mädchen ausgegangen, da sprach die Mutter: „Töpfchen, koche!", da kochte es, und sie ißt sich satt; nun will sie, daß das Töpfchen wieder aufhören soll, aber sie weiß das Wort nicht. Also kocht es fort, und der Brei steigt über den Rand hinaus und kocht immerzu, die Küche und das ganze Haus voll und das zweite Haus und dann die Straße, als wollt's die ganze Welt satt machen, und es ist die größte Not, und kein Mensch weiß sich da zu helfen. Endlich, wie nur noch ein Haus übrig ist, da kommt das Kind heim und spricht nur: „Töpfchen, steh!", da hört es auf zu kochen; und wer wieder in die Stadt wollte, der mußte sich durchessen.

Symbolik und Interpretation des Märchens

Das Märchen zeigt, daß man in Notzeiten Hilfe aus höheren Lebensregionen bekommen kann. Diese wird aber nur dann geschenkt, wenn man sich wie das Kind mutig auf den Weg macht, sich auf das Unbekannte einläßt und dazu „fromm" ist, also an helfende Kräfte einer höheren Wirklichkeit im Leben glaubt und sich im Verhalten auf sie abstimmt. Der Wald steht für das Tiefenbewußtsein des Menschen, in dem er der „Alten", den helfenden Urkräften, begegnet. Der Topf, der von selber kochen kann, bezieht sich nicht nur auf Nahrung, sondern erinnert auch an das in vielen Kulturen bekannte Symbol vom Wunderbaum, der alle Wünsche erfüllt. Im übertragenen Sinn gibt das Märchen damit Hinweise auf die enorme Phantasiekraft und Wunschkraft des Unbewußten, die sich aufschließt, wenn man sich mutig in die eigene Tiefe begibt. Die Mutter vollzieht diesen Schritt nicht, sie verkörpert die erstarrten Anteile in der seelischen Entwicklung – das Kind aber macht sich auf den Weg. Kinder sind in ihrem unbefangenen Sicheinlassen auf das Leben den höheren Kräften oft viel näher als die Erwachsenen. Wenn die Mutter selber kocht, passiert die Katastrophe: Der Mensch, der sich von der kindhaften Flexibilität und Aufbruchsstimmung abgeschnitten hat, den lebendigen Kontakt zum Unbewußten verloren hat, findet das rechte Maß nicht mehr. Es ist sehr unwahrscheinlich, daß man so ein einfaches Wort wie „Töpfchen, steh!" nicht mehr weiß. Das kann nur passieren, wenn sich hinter dem Nicht-mehr-Wissen ungebändigtes Verlangen versteckt. Das Naheliegendste, die Selbstbescheidung, das Aufhören, fällt nicht mehr ein! Tiefenpsychologisch betrachtet steckt hinter Starre und depressiver Stimmung fast immer die unmäßige, nur nicht ausgedrückte Gier nach mehr. So gibt das Märchen also eine Lektion über das Urvertrauen und die Kraft des Wünschens, mit der man sich in Mangel und Not auf die helfenden Kräfte im eigenen Inneren (die Alte) verlassen kann. Not erleben können wir durch Mangel an lebenswichtigen Dingen, aber auch durch Unmäßigkeit. Mit der Schilderung beider Möglichkeiten will das Märchen uns zum gesunden Ausgleich helfen, die rechte Mitte im Begehren finden lassen. Kinder werden vor diesen tieferen Bedeutungen in erster Linie in Bezug auf das Essen angesprochen, also auf Erlebnisse und Erfahrungen (Frustration oder Verwöhnung) in der oralen Entwicklungsphase.

Vertiefungsfragen

„Ist bei euch zu Hause beim Kochen auch schon einmal so etwas ähnliches passiert?" „Kannst du dir noch andere Situationen vorstellen, wo etwas anfängt, das man nicht mehr aufhalten kann?" – „Was würdet ihr tun, wenn ihr vor der Stadt steht, die ganz mit Brei überzogen worden ist? Kannst du dir da vorstellen, dich hindurchzuessen?" – „Stell dir einmal vor, man kann nicht in die Stadt, weil alles vom Brei eingemauert ist. Was müßte denn da in der Stadt Kostbares sein, daß du dich da hindurchbeißen wolltest?" – „Was wäre passiert, wenn das Mädchen nicht zurückgekommen wäre mit dem Zauberwort? Wäre dir das lieber gewesen? Wie weit wäre dann der Brei geflossen?" – „Stell dir mal vor, der Brei wäre bei euch zu Hause in der Straße geflossen, was wäre denn da alles passiert?"
Weitere Gesprächsmöglichkeiten je nach Alter und Verständnis sind: „Uns geht es gut, wir können immer süßen Brei essen, während andere Kinder auf der Welt hungern." – „Lieblingsspeisen der Kinder" – „Gesunde und ungesunde Ernährung".

Vertiefungsmöglichkeiten – Ideensammlung

Malen des Märchens, süßen Brei kochen und essen, Rollenspiel, Legen, Bild gestalten mit Märchenwolle, Fensterbild, Schwammdruck, Malen mit Fingerfarben, Collage: Kochtopf mit verschiedenem Essen, das aus dem Topf quillt; Singspiel, Fingerspiel, Lied.

Praktische Beispiele

Süßen Brei kochen

Rezept: 1 l Milch, 1 Prise Salz, 1/2 Zitronenschale, 100–125 g Grieß, 10–20 g Butter. Für Kinder ist nur Grießbrei zu empfehlen, da sie den herben Geschmack von Hirse ablehnen. Für Gesundheitsbewußte ein Tip: In Bioläden und Reformhäusern bekommt man nicht nur biologischen Weizengrieß, sondern auch Dinkelgrieß.

Durchführung: Milch, Salz und feingeschälte Zitronenschale zum Kochen aufstellen. Grieß in die kochende Milch einrühren, bei ganz kleiner Flamme oder bei ausgeschalteter Platte etwa 10 Minuten köcheln lassen und

zum Schluß Butter einrühren. Mit Zimt und Zucker abschmecken.

Jedes Kind darf Milch oder Grieß in den Topf füllen, jedes Kind darf umrühren. Die Kinder sollen bewußt auch die Wärme, die von Topf und Brei ausgeht, spüren, den Duft bewußt wahrnehmen. Auch darf sich jedes Kind zum Essen selbst eine Portion herausnehmen und sie mit Zimt und Zucker bestreuen. Gegessen wird möglichst von Puppentellern, das betont das Märchenhafte.

Legen des Märchens (mit der „Kleinen Welt")

Material: „Kleine Welt" (kleine Figuren aus buntlasiertem Holz) und Puppenkochtopf, kleine weiße oder gelbe Seidentücher.

Durchführung: Das Märchen wird gemeinsam mit den Kindern noch einmal erzählt. Dabei werden die Figuren aus der „Kleinen Welt" (oder andere geeignete Figuren) aufgestellt. Die kleinen Tücher werden in den Topf gesteckt, immer mehr und mehr, so daß das Überquellen gut dargestellt werden kann.

Bild gestalten mit Märchenwolle

Material: hellblauer Filz, Sortiment Märchenwolle mit besonders viel gelber Wolle.

Durchführung: Auf einen hellblauen Filz legen die Kinder das Haus, in dem das Töpfchen auf dem Herd kocht. Mit gelber Wolle läßt sich gut darstellen, wie sich überall im Haus der Brei verteilt. Je nach Alter der Kinder kann die Szenerie erweitert werden, Mutter und Kind, sogar die ganze Stadt können hinzugelegt werden.

Schwammdruck

Material: Papier, Wasserfarben, Pinsel, großporiges Schwämmchen.

Durchführung: Die Kinder malen eine Szene aus dem Märchen. Der süße Brei, der aus dem Töpfchen quillt und überall hinläuft, wird mit dem farbgetränkten Schwämmchen aufgedrückt.

Malen mit Fingerfarben

Die jüngeren Kinder malen mit Fingerfarben auf einen sehr großen Bogen Papier, so daß sie mit vollem Schwung das Ausbreiten und Fließen des Breis darstellen und ausleben können. Je nach Wunsch und Fähigkeiten malen sie den Topf und anschließend den Brei, der mit Fingern und Händen über das ganze Blatt verteilt wird.

Singspiel

(nach der Melodie:
„Oh, du lieber Augustin")

Ich bin die Köchin „Eva",
(Name des spielenden Kindes),
ich koche den Brei.
Dicken Brei, dünnen Brei,
süßen Brei, sauren Brei.
Ich bin die Köchin „Eva"
und koche den Brei.

Spielweise: Die Kinder sitzen oder stehen im Kreis, ein Kind steht in der Mitte und stellt das Breikochen pantomimisch dar. Nach der Strophe wählt es ein anderes Kind und holt es in die Mitte und so fort.

Fingerspiel

Ihr Kinder kommt herbei,
wir kochen einen Brei!
> („Heranwink-Bewegungen" mit beiden Händen)

Der Topf, der ist schon hier,
den Löffel holen wir.
> (Eine Hand deutet den Topf an, die andere das Löffelholen)

Die Milch nun in das Töpfchen,
verschüttet mir kein Tröpfchen!
> (Eine Hand deutet den Topf an, die andere macht Schüttbewegungen)

Das Feuer laßt uns schüren
und schnell die Milch umrühren.
> (Beide Hände zur Faust ballen und Schürbewegungen darstellen, eine Hand wieder zum Töpfchen formen und mit der anderen Rührbewegungen machen)

Gleich kocht sie uns schon über,
drum zieht das Töpfchen rüber.
> (Eine Hand, die zum Topf geformt ist, mit der anderen wegziehen)

Den Zucker tut hinein
und rührt den Grieß nun ein.
  (Die eine Hand bleibt in Topfform, die andere
  macht Schütt- und Rührbewegungen)
Rosinen für die Schlecker –
wie schmeckt der Brei so lecker!
  (Die eine Hand bleibt in Topfform, die andere
  führt einen imaginären Löffel zum Mund – mit
  einer Hand auf der Magengegend Kreise ziehen.)

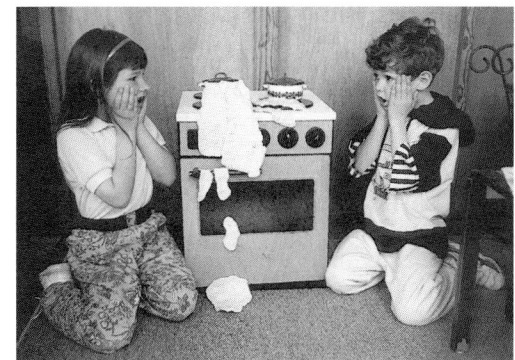

Lied „Wir kochen Brei"

1. Wir ko - chen heu - te Brei. Wir ko - chen heu - te
sü - ßen Brei. Wir ko - chen heu - te Brei.

2. Wir holen schon die Milch.
   Wir holen schon die gute Milch.
   Wir holen schon die Milch.

3. Wir bringen nun das Mehl.
   Wir bringen nun das weiße Mehl.
   Wir bringen nun das Mehl.

4. Der Zucker ist nicht da.
   Der süße Zucker ist nicht da.
   Schau her! Da ist er ja.

5. Wir haben alles da.
   Ja, Zucker, Milch und Mehl sind da.
   Wir haben alles da.

6. Wir rühren, rühren Brei.
   Wir rühren, rühren süßen Brei.
   Wir rühren, rühren Brei.

7. Wir essen heute Brei.
   Auch alle Puppen essen Brei.
   Wir essen heute Brei.

Worte: Rudolf Schröter, Weise: Richard Rudolf Klein
(Aus: Richard Rudolf Klein; Willkommen, lieber Tag, Band 1,
© Verlag Moritz Diesterweg, Frankfurt am Main)

Hänsel und Gretel

Vor einem großen Wald wohnte ein armer Holzhacker mit seiner Frau und seinen zwei Kindern; das Bübchen hieß Hänsel und das Mädchen Gretel. Er hatte wenig zu beißen und zu brechen, und einmal, als große Teuerung ins Land kam, konnte er auch das tägliche Brot nicht mehr schaffen. Wie er sich nun abends im Bette Gedanken machte und sich vor Sorgen herumwälzte, seufzte er und sprach zu seiner Frau: „Was soll aus uns werden? Wie können wir unsere armen Kinder ernähren, da wir für uns selbst nichts mehr haben?"

„Weißt du was, Mann?" antwortete die Frau, „wir wollen morgen in aller Frühe die Kinder hinaus in den Wald führen, wo er am dicksten ist, da machen wir ihnen ein Feuer an und geben jedem noch ein Stückchen Brot; dann gehen wir an unsere Arbeit und lassen sie allein. Sie finden den Weg nicht wieder nach Haus, und wir sind sie los."

„Nein, Frau", sagte der Mann, „das tue ich nicht; wie sollt' ich's übers Herz bringen, meine Kinder im Walde allein zu lassen; die wilden Tiere würden bald kommen und sie zerreißen."

„O, du Narr", sagte sie, „dann müssen wir alle viere Hungers sterben", und ließ ihm keine Ruhe, bis er einwilligte. „Aber die armen Kinder dauern mich doch", sagte der Mann.

Die zwei Kinder hatten vor Hunger auch nicht einschlafen können und hatten gehört, was die Stiefmutter zum Vater gesagt hatte. Gretel weinte bittere Tränen und sprach zu Hänsel: „Nun ist's um uns geschehen." – „Still, Gretel", sprach Hänsel, „gräme dich nicht, ich will uns schon helfen." Und als die Alten eingeschlafen waren, stand er auf, zog sein Röcklein an, machte die Untertür auf und schlich sich hinaus. Da schien der Mond ganz helle, und die weißen Kieselsteine, die vor dem Haus lagen, glänzten wie lauter Batzen. Hänsel bückte sich und steckte soviel in sein Rocktäschlein, wie nur hinein wollten. Dann ging er wieder zurück, sprach zu Gretel: „Sei getrost, liebes Schwesterchen, und schlaf nur ruhig ein, Gott wird uns nicht verlassen", und legte sich wieder in sein Bett.

Als der Tag anbrach, kam schon die Frau und weckte die Kinder: „Steht auf, ihr Faulenzer, wir wollen in den Wald gehen und Holz holen." Dann gab sie jedem ein Stückchen Brot und sprach: „Da habt ihr etwas für den Mittag, aber eßt's nicht vorher auf, weiter kriegt ihr nichts." Gretel nahm das Brot unter die Schürze, weil Hänsel die Steine in der Tasche hatte. Danach machten sie sich alle zusammen auf den Weg nach dem Wald. Als sie ein Weilchen gegangen waren, stand Hänsel still und guckte nach dem Haus zurück und tat das wieder und immer wieder. Der Vater sprach: „Hänsel, was guckst du da und bleibst zurück, hab acht und vergiß deine Beine nicht."

„Ach, Vater", sagte Hänsel, „ich sehe nach meinem weißen Kätzchen, das sitzt oben auf dem Dach und will mir ade sagen." Die Frau sprach: „Narr, das ist dein Kätzchen nicht, das ist die Morgensonne, die auf den Schornstein scheint."

Hänsel aber hatte nicht nach dem Kätzchen gesehen, sondern immer einen von den blanken Kieselsteinen aus seiner Tasche auf den Weg geworfen.

Als sie mitten in den Wald gekommen waren, sprach der Vater: „Nun sammelt Holz, ihr Kinder, ich will ein Feuer anmachen, damit ihr nicht friert." Hänsel und Gretel trugen Reisig zusammen, einen kleinen Berg hoch. Das Reisig ward angezündet, und als die Flamme recht hoch brannte, sagte die Frau: „Nun legt euch ans Feuer, ihr Kinder, und ruht euch aus, wir gehen in den Wald und hauen Holz. Wenn wir fertig sind, kommen wir wieder und holen euch ab."

Hänsel und Gretel saßen am Feuer, und als der Mittag kam, aß jedes sein Stücklein Brot. Und weil sie die Schläge der Holzaxt hörten, so glaubten sie, ihr Vater wäre in der Nähe. Es war aber nicht die Holzaxt, es war ein Ast, den er an einen dürren Baum gebunden hatte und den der Wind hin und her schlug. Und als sie so lange gesessen hatten, fielen ihnen die Augen vor Müdigkeit zu, und sie schliefen fest ein. Als sie endlich erwachten, war es schon finstere Nacht. Gretel fing an zu weinen und sprach: „Wie sollen wir nun aus dem Wald kommen?" Hänsel aber tröstete sie: „Wart nur ein Weilchen, bis der Mond aufgegangen ist, dann wollen wir den Weg schon finden." Und als der volle Mond aufgestiegen war, so nahm Hänsel sein Schwesterchen an der Hand und ging den Kieselsteinen nach, die schimmerten wie neu geschlagene Batzen und zeigten ihnen den Weg. Sie gingen die ganze Nacht hindurch und kamen bei anbrechendem Tag wieder zu ihres Vaters Haus. Sie klopften an die Tür, und als die Frau

aufmachte und sah, daß es Hänsel und Gretel waren, sprach sie: „Ihr bösen Kinder, was habt ihr so lange im Walde geschlafen, wir haben geglaubt, ihr wolltet gar nicht wiederkommen." Der Vater aber freute sich; denn es war ihm zu Herzen gegangen, daß er sie so allein zurückgelassen hatte.

Nicht lange danach war wieder Not in allen Ecken, und die Kinder hörten, wie die Mutter nachts im Bette zu dem Vater sprach: „Alles ist wieder aufgezehrt, wir haben noch einen halben Laib Brot, hernach hat das Lied ein Ende. Die Kinder müssen fort, wir wollen sie tiefer in den Wald hineinführen, damit sie den Weg nicht wieder herausfinden; es ist sonst keine Rettung für uns." Dem Mann fiel's schwer aufs Herz, und er dachte: „Es wäre besser, daß du den letzten Bissen mit deinen Kindern teiltest." Aber die Frau hörte auf nichts, was er sagte. Wer A sagt, muß auch B sagen, und weil er das erste Mal nachgegeben hatte, so mußte er es auch zum zweiten Mal.

Die Kinder waren aber noch wach gewesen und hatten das Gespräch mit angehört. Als die Alten schliefen, stand Hänsel wieder auf, wollte hinaus und Kieselsteine auflesen wie das vorige Mal, aber die Frau hatte die Tür verschlossen. Er tröstete sein Schwesterchen und sprach: „Weine nicht, Gretel, und schlaf nur ruhig, der liebe Gott wird uns schon helfen."

Am frühen Morgen kam die Frau und holte die Kinder aus dem Bette. Sie erhielten ihr Stückchen Brot, das war aber noch kleiner als das vorige Mal. Auf dem Wege nach dem Wald bröckelte es Hänsel in der Tasche, stand oft still und warf ein Bröcklein auf die Erde. „Hänsel, was stehst du

*und guckst dich um", sagte der Vater, „geh deiner
Wege."*

*„Ich sehe nach meinem Täubchen, das sitzt auf
dem Dache und will mir ade sagen", antwortete
Hänsel. „Narr", sagte die Frau, „das ist dein
Täubchen nicht, das ist die Morgensonne, die auf
den Schornstein oben scheint." Hänsel aber warf
nach und nach alle Bröcklein auf den Weg.*

*Die Frau führte die Kinder noch tiefer in den
Wald, wo sie ihr Lebtag noch nicht gewesen
waren. Da ward wieder ein großes Feuer ange-
macht, und die Mutter sagte: „Bleibt nur da sitzen, ihr Kinder, und wenn ihr müde seid, könnt
ihr ein wenig schlafen. Wir gehen in den Wald
und hauen Holz, und abends, wenn wir fertig
sind, kommen wir und holen euch ab." Als es
Mittag war, teilte Gretel ihr Brot mit Hänsel, der
sein Stück auf den Weg gestreut hatte. Dann
schliefen sie ein, und der Abend verging, aber niemand kam zu den armen Kindern. Sie erwachten
erst in der finstern Nacht, und Hänsel tröstete sein
Schwesterchen und sagte: „Wart nur, Gretel, bis
der Mond aufgeht, dann werden wir die Brot-
bröcklein sehen, die ich ausgestreut habe, die zeigen uns den Weg nach Haus." Als der Mond
kam, machten sie sich auf, aber sie fanden kein
Bröcklein mehr; denn die vieltausend Vögel, die
im Walde und im Felde umherfliegen, die hatten
sie weggepickt. Hänsel sagte zu Gretel: „Wir
werden den Weg schon finden", aber sie fanden
ihn nicht. Sie gingen die ganze Nacht und noch
einen Tag von Morgen bis Abend, aber sie kamen
aus dem Wald nicht heraus und waren so hungrig;
denn sie hatten nichts als die paar Beeren, die auf
der Erde standen. Und weil sie so müde waren,*

*daß die Beine sie nicht mehr tragen wollten, so leg-
ten sie sich unter einen Baum und schliefen ein.
Nun war's schon der dritte Morgen, daß sie ihres
Vaters Haus verlassen hatten. Sie fingen wieder
an zu gehen, aber sie gerieten immer tiefer in den
Wald, und wenn nicht bald Hilfe kam, so mußten
sie verschmachten. Als es Mittag war, sahen sie
ein schönes schneeweißes Vöglein auf einem Ast
sitzen, das sang so schön, daß sie stehenblieben
und ihm zuhören. Und als es fertig war, schwang
es seine Flügel und flog vor ihnen her, und sie gingen ihm nach, bis sie zu einem Häuschen gelangten, auf dessen Dach es sich setzte, und als sie
ganz nah herankamen, so sahen sie, daß das
Häuslein aus Brot gebaut war und mit Kuchen
gedeckt; aber die Fenster waren von hellem Zuk-
ker. „Da wollen wir uns dran machen", sprach
Hänsel, „und eine gesegnete Mahlzeit halten. Ich
will ein Stück vom Dach essen, Gretel, du kannst
vom Fenster essen, das schmeckt süß." Hänsel
reichte in die Höhe und brach sich ein wenig vom
Dach ab, um zu versuchen, wie es schmeckte, und
Gretel stellte sich an die Scheiben und knusperte
daran. Da rief eine feine Stimme aus der Stube
heraus:*

*„Knusper, knusper, kneischen,
wer knuspert an meinem Häuschen?"*

Die Kinder antworteten:

*„Der Wind, der Wind,
das himmlische Kind",*

und aßen weiter, ohne sich irremachen zu lassen.

Hänsel, dem das Dach sehr gut schmeckte, riß sich ein großes Stück davon herunter, und Gretel stieß eine ganze runde Fensterscheibe heraus. Da ging auf einmal die Tür auf, und eine steinalte Frau, die sich auf eine Krücke stützte, kam herausgeschlichen.

Hänsel und Gretel erschraken so gewaltig, daß sie fallen ließen, was sie in den Händen hielten. Die Alte aber wackelte mit dem Kopfe und sprach: „Ei, ihr lieben Kinder, wer hat euch hierhergebracht? Kommt nur herein und bleibt bei mir, es geschieht euch kein Leid.“ Sie faßte beide an der Hand und führte sie in ihr Häuschen. Da ward gutes Essen aufgetragen, Milch und Pfannkuchen mit Zucker, Äpfel und Nüsse. Hernach wurden zwei schöne Bettlein weiß gedeckt, und Hänsel und Gretel legten sich hinein und meinten, sie wären im Himmel.

Die Alte hatte sich nur so freundlich angestellt, sie war aber eine böse Hexe, die den Kindern auflauerte, und hatte das Brothäuslein bloß gebaut, um sie herbeizulocken. Wenn eins in ihre Gewalt kam, so machte sie es tot, kochte es und aß es, und das war ihr ein Festtag. Die Hexen haben rote Augen und können nicht weit sehen, aber sie haben eine feine Witterung wie die Tiere und merken's, wenn Menschen herankommen. Als Hänsel und Gretel in ihre Nähe kamen, da lachte sie boshaft und sprach höhnisch: „Die habe ich, die sollen mir nicht wieder entwischen.“

Frühmorgens, ehe die Kinder erwacht waren, stand sie schon auf, und als sie beide so lieblich ruhen sah, mit den vollen roten Backen, so murmelte sie vor sich hin: „Das wird ein guter Bissen werden.“ Da packte sie Hänsel mit ihrer dürren Hand und trug ihn in einen kleinen Stall und sperrte ihn mit einer Gittertür ein. Er mochte schreien, wie er wollte, es half ihm nichts. Dann ging sie zur Gretel, rüttelte sie wach und rief: „Steh auf, Faulenzerin, trag Wasser und koch deinem Bruder etwas Gutes, der sitzt draußen im Stall und soll fett werden. Wenn er fett ist, so will ich ihn essen.“ Gretel fing an, bitterlich zu weinen, aber es war alles vergeblich, sie mußte tun, was die böse Hexe verlangte.

Nun ward dem armen Hänsel das beste Essen gekocht, aber Gretel bekam nichts als Krebsschalen. Jeden Morgen schlich die Alte zu dem Ställchen und rief: „Hänsel, streck deine Finger heraus, daß ich fühle, ob du bald fett bist.“ Hänsel streckte ihr aber ein Knöchlein heraus, und die Alte, die trübe Augen hatte, konnte es nicht sehen und meinte, es wären Hänsels Finger, und verwunderte sich, daß er gar nicht fett werden wollte. Als vier Wochen herum waren und Hänsel immer mager blieb, da überkam sie die Ungeduld, und sie wollte nicht länger warten. „Heda, Gretel“, rief sie dem Mädchen zu, „sei flink und trag Wasser. Hänsel mag fett oder mager sein, morgen will ich ihn schlachten und kochen.“ Ach, wie jammerte das arme Schwesterchen, als es das Wasser tragen mußte. „Lieber Gott, hilf uns doch“, rief sie aus, „hätten uns nur die wilden Tiere im Wald gefressen, so wären wir doch zusammen gestorben.“ „Spar nur dein Geplärre“, sagte die Alte, „es hilft dir alles nichts.“

Frühmorgens mußte Gretel heraus, den Kessel mit Wasser aufhängen und Feuer anzünden. „Erst wollen wir backen“, sagte die Alte, „ich habe den Backofen schon eingeheizt und den Teig geknetet." Sie stieß die arme Gretel hinaus zu dem Backofen, aus dem die Flammen schon herausschlugen. „Kriech hinein", sagte die Hexe, „und sieh zu, ob recht eingeheizt ist, damit wir das Brot hineinschieben können." Und wenn Gretel darin war, wollte sie den Ofen zumachen, und Gretel sollte darin braten, und dann wollte sie's auch aufessen. Aber Gretel merkte, was sie im Sinn hatte, und sprach: „Ich weiß nicht, wie ich's machen soll; wie komm' ich da hinein?" „Dumme Gans", sagte die Alte, „die Öffnung ist groß genug, siehst du wohl, ich könnte selbst hinein", krabbelte heran und steckte den Kopf in den Backofen. Da gab ihr Gretel einen Stoß, daß sie weit hineinfuhr, machte die eiserne Tür zu und schob den Riegel vor. Hu, da fing sie an zu heulen, ganz grauselig; aber Gretel lief fort, und die gottlose Hexe mußte elendiglich verbrennen. Gretel aber lief schnurstracks zum Hänsel, öffnete sein Ställchen und rief: „Hänsel, wir sind erlöst, die alte Hexe ist tot." Da sprang Hänsel heraus wie ein Vogel aus dem Käfig, wenn ihm die Tür aufgemacht wird. Wie haben sie sich gefreut und sind sich um den Hals gefallen! Und weil sie sich nicht mehr zu fürchten brauchten, so gingen sie in das Haus der Hexe hinein, da standen in allen Ecken Kasten mit Perlen und Edelsteinen. „Die sind noch besser als Kieselsteine", sagte Hänsel und steckte in seine Taschen, was hinein wollte, und Gretel sagte: „Ich will auch etwas mit nach Hause bringen", und füllte sich sein Schürzchen voll.

„Aber jetzt wollen wir fort", sagte Hänsel, „damit wir aus dem Hexenwald herauskommen." Als sie aber ein paar Stunden gegangen waren, gelangten sie an ein großes Wasser. „Wir können nicht hinüber", sprach Hänsel, „ich sehe keinen Steg und keine Brücke."

„Hier fährt auch kein Schiffchen", antwortete Gretel, „aber da schwimmt eine weiße Ente, wenn ich die bitte, so hilft sie uns hinüber." Da rief sie:

„Entchen, Entchen,
da steht Gretel und Hänsel.
Kein Steg und keine Brücke,
nimm uns auf deinen weißen Rücken."

Das Entchen kam auch heran, und Hänsel setzte sich auf und bat sein Schwesterchen, sich zu ihm zu setzen. „Nein", antwortete Gretel, „es wird dem Entchen zu schwer, es soll uns nacheinander hinüberbringen." Das tat das gute Tierchen, und als sie glücklich drüben waren und ein Weilchen fortgingen, da kam ihnen der Wald immer bekannter vor, und endlich erblickten sie von weitem ihres Vaters Haus. Da fingen sie an zu laufen, stürzten in die Stube hinein und fielen ihrem Vater um den Hals. Der Mann hatte keine frohe Stunde gehabt, seitdem er die Kinder im Walde gelassen hatte, die Frau aber war gestorben. Gretel schüttete sein Schürzchen aus, daß die Perlen und Edelsteine in der Stube herumsprangen, und Hänsel warf eine Handvoll nach der andern aus seiner Tasche dazu. Da hatten alle Sorgen ein Ende, und sie lebten in lauter Freude zusammen. Mein Märchen ist aus, dort läuft eine Maus, wer sie fängt, darf sich eine große, große Pelzkappe daraus machen.

Symbolik und Interpretation des Märchens

Die tiefenpsychologische Bedeutung bezieht sich auf die Ablösung des Kindes vom Elternhaus. Bettelheim deutet aus der Perspektive des Kindes mit seiner oralen Gier, das unbegrenzt weiterversorgt werden will und deshalb Angst bekommt, es könnte von den Eltern, besonders von der nährenden Mutter, verstoßen werden. So wird die Mutter zur Hexe, zur Hexenmutter. In der Realität ist die Mutter entweder tatsächlich „Stiefmutter", die egoistisch und hartherzig das Kind nicht genügend versorgt, oder sie verkörpert den positiv frustrierenden Aspekt

der Mutter, die die Kinder wegschicken muß, damit sie selbständig werden. Sie gibt noch etwas Unterstützung mit Brot und dem Feuer im Wald, aber im wesentlichen müssen die Kinder nun auf sich alleine gestellt zurechtkommen.

Hänsel und Gretel verkörpern zwei Aspekte *eines* Kindes, die Willens- und Verstandeskräfte (männlich) und die Gefühlskräfte (weiblich). Der Wald ist die fremde unbekannte Welt (der Erwachsenen), in der man in Eigenverantwortung leben, sich selbst versorgen und auch alleine Hindernisse bewältigen muß.

Bei der ersten Vertreibung der Kinder gelingt die Ablösung noch nicht, sie finden anhand der Kieselsteine wieder heim (Regression), beim zweiten Mal, als die Kinder ganz auf sich selbst gestellt sind, kommt ein anderer Abwehrmechanismus zum Vorschein. Die Angst, nun wirklich selbständig für sich sorgen zu müssen, schlägt um in orale Gier. Im Hexenhäuschen, Symbol für den Mutterleib und die Bindung an die Mutter, erfüllt sich das eigentliche Geschehen: Die Kinder fallen auf das Angebot der unbegrenzten Versorgung herein, um die Erfahrung machen zu können, daß diese Form der Unselbständigkeit die schlimmen Folgen hat, daß man dann selbst „gefressen" wird, kein eigenes Leben mehr hat, in der Hexe weiterlebt.

Im Märchen kann sich auch das Verhalten überbehütender Eltern spiegeln. Mit Hexe ist dann eine Mutter gemeint, die das Kind an sich bindet, um in ihm eigene unerfüllte Wünsche, Bedürfnisse, Sehnsüchte auszuleben. Dies zeigt sich oft darin, daß ein Nahrungs- und Versorgungsangebot über Gebühr ausgedehnt wird, so daß das Kind in späteren Jahren noch an die Mutter, die Eltern gebunden bleibt.

Aus diesem Grund also wird Hänsel so gut gefüttert und gemästet. Hänsel, der Verstand im Kind, kann die gute Versorgung registrieren, aber er bekommt nicht das Wesentliche, nämlich die Wertschätzung und Anerkennung um seiner selbst willen. Den Mangel an gefühlsmäßiger Zuwendung zum Kind zeigt das Märchen dadurch, daß Gretel, der weiblich-fühlende Teil im Kind, nur Krebsschalen zu essen bekommt. Solch übermäßige Bindung lähmt die ganze Entfaltung der Persönlichkeit und besonders auch die Leistungsfähigkeit, sie kann bis zur Leistungsverweigerung führen: Hänsel streckt nur den Knochen heraus und nicht den richtigen Finger: Er zeigt also nicht, was er wirklich könnte, und oft kann er es auch gar nicht mehr zeigen! Dieses Bindungsmuster kann sich bis ins Erwachsenenleben hinein halten und so lange in Beruf und Partnerschaft stören, bis sich aus innerer Notwendigkeit oder äußerem Zwang der Wille zum eigenständigen Leben einmal durchsetzt. Im Märchen

geschieht das dadurch, daß sich die Kräfte des Gefühls (Gretel) und des Intellekts (Hänsel) vereinigen, um die destruktiven, entwicklungshemmenden Anteile der Bindung an die Eltern zu vernichten. Gretel wird plötzlich „männlich-schlau", legt die Hexe mit einem Trick herein, indem sie sich dumm stellt und so tut, als könne sie nicht in den Backofen steigen. Danach bringt sie noch Mut (eigentlich eine Hänsel-Eigenschaft) auf und schiebt die Hexe mit kräftigem Schwung in den Ofen. Hänsel ist befreit, das Kind ist zur ganzen, reiferen Persönlichkeit geworden, die sich von der bindenden, verschlingenden Mutter abgenabelt hat.

Nun werden die Schätze gefunden: Das Kind bekommt Zugang zu den schöpferischen Persönlichkeitskräften, die bislang verschüttet waren. Danach wird die Heimreise angetreten: Wer so in der Fremde gelernt hat, auf sich alleine gestellt zu bestehen, kann erst wahrhaft „zu sich heimfinden", kann erwachsen werden, bindungsfähig sein, selbst eine Familie gründen. Das Heim, das im Märchen wiedergefunden wird, ist nun ein anderes. Die Stiefmutter ist in der Zwischenzeit gestorben, d.h. zugleich mit der verschlingenden Hexenmutter ist auch der frustrierende Anteil der Mutter verschwunden, er ist nicht mehr nötig, das Kind ist nun selbständig.

Diese Deutung sollte noch durch wichtige weitere Gesichtspunkte ergänzt werden, wie sie sich aus der Märchenarbeit mit Erwachsenen ergeben.

Das gegenseitige Nichtloslassenkönnen von Mutter und Kind hat keineswegs nur etwas mit Essen und Trinken zu tun, sondern stammt aus einer noch tieferen existentiellen Schicht. Der Backofen ist ein Symbol für den Uterus, den Ort, wo das Kind am engsten an die Mutter gebunden war. Vor der Geburt lebte das kleine Wesen total versorgt im „Haus", im Inneren der Mutter, um dann in einem dramatischen Ablauf bei der Geburt hinausgestoßen zu werden und auf sich allein gestellt zu sein. Durch diesen von beiden Seiten meist sehr dramatisch-schmerzhaft erlebten Vorgang wird die Mutter als „austreibender Faktor" zwangsweise zur bösen Mutter, zur Hexenmutter. Der Vater ist der passive Teil im Märchen, der merkwürdigerweise ganz „unmännlich", aus dem Gefühl heraus, reagiert, während auf der mütterlich-fühlenden Seite Kälte und Grausamkeit regieren. Ähnlich ist die Situation beim Ablauf der Geburt, bei der der Vater keine aktive, sondern nur eine fühlende, anteilnehmende Rolle spielt.

Dieses erste dramatische Trennungsgeschehen der Geburt wirkt verdeckt für Mutter und Kind in allen späteren Trennungs- und Ablösungsereignissen weiter, auch in dem Reifungsstadium, das Bettelheim beschreibt. Daraus werden die vielen Probleme verständlich, die Eltern und Kinder mit Bindung und Ablösung haben. Das überbehütende Bindungsverhalten einer Mutter kann man deshalb immer auch deuten als die Fortsetzung einer ungelösten Geburtserfahrung.

Die Versuche der Kinder, in die alte Situation zurückzufinden, sind schlau von Hänsel ausgedacht, aber natürlich keine Lösung, weil in der (vermeintlich) geborgenen Situation gar nicht bewußt werden kann, worum es eigentlich geht. Die Urkräfte der Natur, die das Leben zur Selbständigkeit drängen, können nicht in einer regressiven Umgebung erlebt werden. So kommt man nicht zur Ablösung, zum selbstverantwortlichen Leben.

Nahrungsaufnahme und Sexualität, die zwei großen Grundtriebe, durch die das Leben aufrechterhalten und weitergegeben wird, stammen aus dem unbewußten „Drang nach (ursprünglicher) Einheit", der jedes Lebewesen bestimmt. Man kann beides als Versuch auffassen, die Trennungserfahrungen bei der Geburt wieder rückgängig zu machen. Übertreibungen dabei, also regressives Verhalten, läßt die Natur nicht zu, da sie immer nach vorne drängt, optimale Lebensentwicklung will. Diese fundamentale Tatsache muß in der Tiefe des Waldes, beim Hexenhäuschen bewußt werden, es geht um die Begegnung mit den eigentlich bindenden und lösenden Kräften in der menschlichen Entwicklung. Und diese Begegnung ist gut und notwendig, denn die guten Kräfte der Psyche führen dorthin, die Vögel, die Boten aus der höheren Welt.

Das Märchen darf man also nicht nur auf der Oralstufe und Kindstufe deuten, es bezieht sich ganz tief auch auf die zentralen unbewußten Geschehnisse, die das Leben jedes

Menschen bestimmen: das Geworfensein in die Welt durch die Geburt, dann die Aufgabe, sich mit den dämonischen Kräften des Lebens (der eigenen Gier, der Gier in der Welt) auseinanderzusetzen, diese egoistischen Kräfte zu besiegen und dann reich mit Erfahrungen (und wirklichen Schätzen der Seele) schließlich auf der Erwachsenenstufe zu einem neuen Leben zurückzufinden. Die Hexe in den Ofen zu schieben heißt dann: sich vom Geburtstrauma, von der Dominanz des Geburtsgeschehens lösen, bewußt ein eigenständiges Leben führen.

Dies muß auf einer tief unbewußten Schicht dem Kind und auch der Mutter klargemacht werden, beide wollen ja frei werden und frei leben. So dient dieses Märchen mit den Bildern der oralen Stufe noch dem tieferen Zweck, die menschliche Urbindung, die mit den Erlebnissen von Schwangerschaft und Geburt verbunden ist, aufzulösen. Das ist wohl der Grund, warum es sich bei den Kindern so großer Beliebtheit erfreut und auch sehr häufig als Märchen in der Therapie mit Erwachsenen auftaucht.

Vertiefungsfragen

„Was hat euch am besten gefallen, was hat euch am meisten Angst gemacht in dem Märchen?" – „Habt ihr schon einmal so großen Hunger gehabt wie Hänsel und Gretel beim Hexenhäuschen?" – „Hättest du dich auch getraut, die Hexe in den Ofen zu schie-

ben?" – „Hättest du es genauso gemacht wie der Hänsel und nur einen Knochen herausgestreckt?" – „Stell dir vor, du bist genauso eingesperrt wie Hänsel und Gretel, was hättest du denn dann gemacht, um der Hexe zu entkommen?" – „Bist du schon einmal eingesperrt gewesen? Wie hast du dich dabei gefühlt?" – „Hast du schon einmal nach einem Weg gesucht und ihn nicht gefunden?" – „Hänsel und Gretel hat die Ente geholfen, hat euch schon einmal ein Tier geholfen?" – „Was würdest denn du machen, wenn du einen so großen Schatz wie Hänsel und Gretel finden würdest?"

Vertiefungsmöglichkeiten – Ideensammlung

Rollenspiel, Legen, Malen, Waldspaziergang, Singspiel, Lied, Backen von Märchenfiguren oder eines Hexenhauses, Erlebnisturnen, Collage, Schatzsuche, Hexenbesen binden, Hexentanz, Tastweg, Sinnesschulung „Riechen", Hexenhaus aus bemaltem Karton.

Praktische Beispiele

Singspiel „Hänsel und Gretel"

1. Hän - sel und Gre - tel ver - lie - fen sich im Wald.
   Es war so fin - ster und auch so bit - ter - kalt.

Sie ka - men an ein Häus - chen von Pfef - fer - ku - chen

fein. Wer mag der Herr wohl von die - sem Häus - chen sein?

2. Hu, hu! Da schaut eine alte Hex heraus.
   Sie lockt die Kinder
   ins Pfefferkuchenhaus.
   Sie stellte sich gar freundlich.
   O Hänsel, welche Not!
   Sie will dich braten
   im Ofen braun wie Brot.

3. Doch, als die Hexe
   zum Ofen schaut hinein,
   ward sie gestoßen
   von Hans und Gretelein.
   Die Hexe mußte braten,
   die Kinder gehn nach Haus.
   Nun ist das Märchen von
   Hans und Gretel aus.

Ein großer Kreis stellt das Hexenhaus dar, ein kleiner enger Kreis den Backofen. Die Hexe lauert in der Mitte. Hänsel und Gretel kommen von außen heran. Nun läuft die Handlung textgemäß ab.

Worte und Weise volkstümlich
(Aus: Richard Rudolf Klein; Willkommen, lieber Tag, Band 1,
© Verlag Moritz Diesterweg, Frankfurt am Main)

Lied „Knusper, knusper, Knäuschen"

Knus - per, knus - per, Knäus - chen, wer knus - pert an mei'm

Häus - chen? Der Wind, der Wind, das himm - li - sche Kind.

Worte und Weise volkstümlich
(Aus: Richard Rudolf Klein; Willkommen, lieber Tag, Band 1,
© Verlag Moritz Diesterweg, Frankfurt am Main)

Erlebnisturnen

Hänsel (H) und Gretel (G) liegen im Bett und hören mit, was die Eltern sprechen.

    Kinder (K): liegen am Boden und „schlafen".

Hänsel und Gretel werden geweckt.

    K: stehen auf und strecken sich, stehen auf Zehenspitzen und strecken sich.

Die Eltern führen sie durch den Wald.

    K: tun so, als würden sie über Baumstämme steigen und unter Ästen durchkriechen.

Sie kommen tiefer in den Wald.

    K: gehen wieder (zu Trommelschlägen).

Die Eltern lassen H und G alleine, sie schlafen ein.

    K: wieder am Boden liegen und ruhen.

H und G wachen auf und sind alleine.

    K: wieder dehnen und strecken auf Zehenspitzen.

H und G laufen durch den Wald und suchen den Weg.

    K: laufen nach Trommelschlägen kreuz und quer ohne anzustoßen.

H und G finden das Hexenhaus. Sie knabbern am Dach.

    K: strecken sich und holen Lebkuchen vom Dach, sie beugen sich und holen Kekse von den Mauern.

Die Hexe eilt heraus.

    K: stellen den Gang der Hexe nach ihrer Phantasie dar.

Die Hexe holt die Kinder ins Haus und sperrt Hänsel in den Käfig. Eines Tages schiebt Gretel die Hexe in den Backofen.

    K: machen Schiebebewegungen.

Hänsel wird befreit.

    K: machen Hauruckbewegungen und dürfen dazu schreien.

H und G freuen sich.

    K: hüpfen und springen.

H und G suchen nach dem Schatz und graben ihn aus.

> K: machen Buddelbewegungen und packen den Schatz ein.

H und G eilen nach Hause.

> K: laufen, bis die Erzieherin „Halt" ruft, denn:

H und G kommen an einen See, wo eine Ente sie übers Wasser bringt.

> K: liegen am Boden und machen Schwimmbewegungen.

Die Kinder eilen nach Hause.

> K: laufen wieder zum Trommelrhythmus, bis die Erzieherin Reifen austeilt.

H und G eilen freudig in das Haus.

> K: springen in den Reifen und ruhen sich aus.

Märchen legen

Die Kinder legen die passenden Szenen zur Erzählung der Erzieherin. So werden z.B. das Elternhaus, der Weg und der Wald mit Legeplättchen und Tüchern gestaltet. Das Haus wird aus zwei Tüchern gelegt, eines ausgebreitet als Haus, das andere zum Dreieck gefaltet für das Dach. Der Wald wird mit grünen Rhythmiktüchern (fester, steifer Stoff) aufgebaut. Dazu nimmt man ein ausgebreitetes Tuch in der Mitte, hebt es hoch, so daß es nach unten zusammenfällt und stellt es schließlich als Baum an seinen Platz. Das Hexenhaus und der Käfig werden mit Legeplättchen gelegt. Das Haus kann mit verschiedenen Perlen verziert werden. Der Schatz besteht aus Glaskugeln, Glasnuggets, Perlen, Glitzerteilen und Ketten. Blaue Tücher bilden den See.

Sinnesschulung „Riechen"

Vor oder nach dem Backen eines Lebkuchenhauses kann man die Sinne der Kinder schulen: Sie fühlen, riechen, schmecken die Gewürze mit geschlossenen Augen, sie betrachten die Gewürze, die im Lebkuchenteig sind, z. B. Anis, Zimt, Nelken, und riechen noch einmal.

Medaillons oder Collagen aus Gewürzen

Anschließend an obige Sinnesschulung kleben die Kinder die Gewürze mit Tapetenkleister auf kleine medaillonförmige Kartons. Mit Aufhänger versehen geben sie nette Geschenke, die aufgehängt werden können und noch länger Duft verbreiten.

Hexenhaus-Collage (Gemeinschaftsarbeit)

Material: Illustrierte, Scheren, Klebstoff (es eignet sich Tapetenkleister, der mit dem Pinsel aufgetragen wird), braune Wachsmalkreide, großer Bogen festes (Pack-)Papier.

Durchführung: Zuerst werden die Umrisse eines Lebkuchenhauses auf das Papier gemalt. Dann suchen die Kinder in den Zeitschriften nach abgebildeten Süßigkeiten und Süßspeisen. Sie schneiden diese aus und arrangieren sie auf dem Lebkuchenhaus. Sind alle mit der Darstellung einverstanden, werden die Teile aufgeklebt.

Schatzsuche

Material: Kieselsteine, Glaskugeln, Glasnuggets, Perlen, gesammelter alter Modeschmuck, goldene Knöpfe und Gürtelspangen, gold- und silberfarbene Bänder und Schnüre, goldene oder silberne Vasen oder Becher, alles, was im Haushalt nicht mehr gebraucht wird. Eine kleine Kiste, die mit Goldbronze angestrichen ist, ersatzweise ein Schuhkarton, der mit Gold- oder Silberfolie bezogen wurde.

Durchführung: Die Schatzkiste kann noch mit den Kindern gemeinsam angemalt oder bezogen werden, das Füllen mit den Schätzen und das Verstecken der Kiste bleibt natürlich geheim. Irgendwo im Garten, bei schlechtem Wetter auch im Haus, wird die „Schatzkiste" versteckt und ab und zu ein Kieselstein als Spur gelegt. Gemeinsam macht sich die Kindergruppe auf die Suche. Ist der Schatz gefunden, wird er befühlt und betrachtet. Soweit es möglich ist, werden Schmuckstücke auch angelegt. Zum weite-

ren Spiel wird die Kiste in der Puppenecke bereitgestellt.

Knusperhäuschen und Märchenfiguren backen

Für den Teig braucht man:
500 g Bienenhonig, 250 g Zucker, 1 Prise Salz, 1 Päckchen Lebkuchengewürz, 15 g Kakao, 250 g Margarine, 2 Eier, 1 kg Mehl, 1/2 Päckchen Backpulver, Fett oder Backtrennpapier fürs Blech.

Zum Verzieren:
3 Eiweiß, etwa 550 g Puderzucker, 2 Blatt rote Gelatine, fertige Plätzchen wie Herzchen, Smarties, Schokoladenplätzchen, Gummibärchen und weitere Süßigkeiten nach Belieben, weiße Watte, rote Lebensmittelfarbe, Puderzucker zum Bestäuben.

Zubereitung des Teiges:
Honig, Zucker, Salz und Lebkuchengewürz mit Kakao in einem Kochtopf mischen. Margarine in kleinen Stückchen dazugeben. Auf dem Herd solange unter Rühren erhitzen, bis der Zucker sich gelöst hat. Honigmischung im Topf auskühlen lassen. Eier aufschlagen und unterrühren. Mehl und Backpulver in der Backschüssel mischen. Honigmasse dazugeben und solange mit dem Kochlöffel unterrühren, bis der Teig zu schwer wird. Dann Teig aus der Schüssel nehmen und kräftig durchkneten. Den Teig zu einer Kugel formen, in Folie packen und

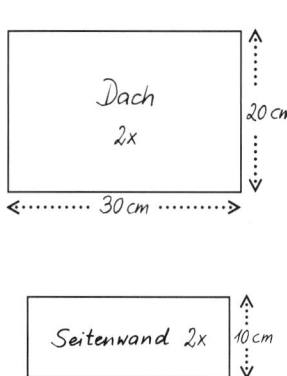

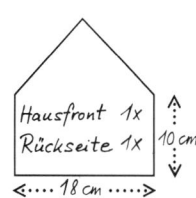

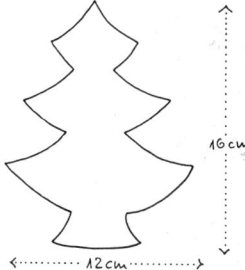

2 Stunden im Kühlschrank ruhen lassen. Die Teigmenge reicht für ein Hexenhaus und ca. 4 bis 5 Bäume.

Ausführung:
Nach dem in der Abbildung vorgegebenen Muster einen Schnitt aus Pappkarton anfertigen, diesen auf den etwa 1 cm dick ausgerollten Teig legen und mit einem Messer die Teile ausschneiden, auf das Blech legen und backen; nach dem Erkalten die Teile zusammenfügen.

Das Häuschen wird stabil, wenn man die einzelnen Teile nicht nur mit Zuckerguß zusammenklebt, sondern sie noch zusätzlich mit Zahnstochern zusammensteckt. Anschließend dürfen die Kinder das Häuschen nach Belieben verzieren.

Hexenbesen aus Reisig

Material: pro Kind 1 Bündel Reisig, 1 Stock, Draht.

Durchführung: Das Reisig wird am besten mit den Kindern zusammen gesammelt und danach getrocknet. (Es muß nicht soviel pro Besen sein, wie man es von großen Reisigbesen kennt.) Die Ästchen werden auf ungefähr gleiche Länge gestutzt. Gut trockenes

Reisig können die Kinder leicht selbst brechen. Danach werden die Ästchen um den Stiel gebunden.

Hexenbesentanz

Musikvorschlag: „Der Feuertanz" von Manuel de Falla (ein Stück aus dem Ballett „Die Zauberliebe", zu finden z.B. als Nr. 13 „Danza rituel del fuego" auf der CD „Manuel de Falla", EMI Records Nr. CDM 7 690 372; falls die Länge von gut 4 Minuten nicht ausreicht, muß das Musikstück zweimal auf Kassette kopiert werden!)

Choreographie: Die Kinder eilen, auf ihrem Besen reitend, wild in den Raum, ein scheinbares Durcheinander fügt sich zu einem Kreis. Die Kinder hüpfen 4 Takte nach rechts im Kreis, danach vier Takte nach links im Kreis.
Jedes Kind dreht sich nun um die eigene Achse, danach reiten alle in die Mitte. 2-3 mal wiederholen. Die Kreisform beibehaltend, reitet jedes zweite Kind in die Mitte, danach jedes erste Kind. Wiederholung des Tanzes im Kreis von Anfang an.

Schluß: Die Kinder reiten in die Mitte, heben den Besen hoch zur Pyramide, strömen in alle Richtungen auseinander und erschrecken die Zuschauer mit ihrem Besen.

Tastweg

Material: Erde, Sand, Steine, Moos, Reisig, Baumrinde, Holz, Tuch zum Augenverbinden, Plastikplane als Unterlage.

Durchführung: Der Weg, den Hänsel und Gretel vom Elternhaus weg durch den Wald gehen, wird im Freien oder im Turnraum angelegt. Erde, Sand, Steine, Moos, Reisig, Baumrinde und Holz sind die natürlichen Materialien dieses Pfades. Wenn es möglich ist, dürfen die Kinder die Dinge in der Natur sammeln helfen. Sind sie erst einmal in den Kindergarten, Hort oder die Schule gebracht, werden diese besprochen, befühlt, und es wird auch daran gerochen. Danach wird gemeinsam der Weg angelegt. Im Raum empfiehlt sich eine Plastikplane als Unterlage. Die Kinder dürfen mit den Händen das Material abtasten, es benennen und beschreiben, danach barfuß über den Weg laufen und erzählen, was sie fühlen und worüber sie gehen. Anschließend werden dem Kind, das über den Weg laufen darf, die Augen verbunden. Es darf sozusagen in der Dunkelheit über den Weg gehen, so wie Hänsel und Gretel im tiefen, finsteren Wald. Das Kind darf sich auch überlegen, ob es als Hänsel oder Gretel über den Weg gehen und von wem es geführt werden möchte. Auch hier erzählt das Kind, was es fühlt, worüber es gerade läuft und wie es ihm in der Dunkelheit geht.

Hexenhaus aus bemaltem Karton

Material: große Schachtel (zum Beispiel Waschmaschinenverpackung), Wellpappe, Tapetenmesser, Scheren, Papierbögen, Wasserfarben oder Regenbogenfarben* (oder ähnliche) und Malutensilien, Klebstoff; Watte, Stoff- und Gardinenreste oder Tortendeckchen.

Durchführung: Der große Verpackungskarton bildet den Grundkörper des Hexenhauses, daran werden Fenster und eine Türe mit einem Tapetenmesser ausgeschnitten. Das Dach wird aus einem weiteren großen Karton oder mit Wellpappe (Meterware) gebaut.

Jedes Kind darf einen Lebkuchen mit phantasievollen Verzierungen auf das Haus malen. Auf das Dach können die Kinder je nach Wunsch und Ideen weitere Süßigkeiten malen, Watte als Zuckerwatte aufkleben. An die Fenster können von innen Vorhänge aus Gardinenresten oder Tortenspitzen montiert werden. Ist ein geeigneter Platz für das Hexenhaus gefunden, wird es den Kindern zusammen mit einer Verkleidungskiste zum freien Rollenspiel übergeben.

Variante: Die Kinder malen die Lebkuchen und Süßigkeiten auf ein Blatt Papier, schneiden diese aus und kleben sie nach dem Trocknen auf das Haus.

---

* *Regenbogenfarben* sind extra leuchtkräftige, brillante, pastose und wasserlösliche Farben.

Dornröschen

Vor Zeiten waren ein König und eine Königin, die sprachen jeden Tag: „Ach, wenn wir doch ein Kind hätten!" und kriegten immer keins. Da trug sich zu, als die Königin einmal im Bade saß, daß ein Frosch aus dem Wasser ans Land kroch und zu ihr sprach: „Dein Wunsch wird erfüllt werden; ehe ein Jahr vergeht, wirst du eine Tochter zur Welt bringen." Was der Frosch gesagt hatte, das geschah, und die Königin gebar ein Mädchen, das war so schön, daß der König vor Freude sich nicht zu lassen wußte und ein großes Fest anstellte. Er lud nicht bloß seine Verwandten, Freunde und Bekannten, sondern auch die weisen Frauen dazu ein, damit sie dem Kind hold und gewogen wären. Es waren ihrer dreizehn in seinem Reiche, weil er aber nur zwölf goldene Teller hatte, von welchen sie essen sollten, so mußte eine von ihnen daheim bleiben.

Das Fest ward mit aller Pracht gefeiert, und als es zu Ende war, beschenkten die weisen Frauen das Kind mit ihren Wundergaben: die eine mit Tugend, die andere mit Schönheit, die dritte mit Reichtum und so mit allem, was auf der Welt zu wünschen ist. Als elfe ihre Sprüche eben getan hatten, trat plötzlich die dreizehnte herein. Sie wollte sich dafür rächen, daß sie nicht eingeladen war, und rief mit lauter Stimme: „Die Königstochter soll sich in ihrem fünfzehnten Jahr an einer Spindel stechen und tot hinfallen." Und ohne ein Wort weiter zu sprechen, kehrte sie sich um und verließ den Saal. Alle waren erschrocken, da trat die zwölfte hervor, die ihren Wunsch noch übrig

hatte, und weil sie den bösen Spruch nicht aufheben, sondern ihn nur mildern konnte, so sagte sie: „Es soll aber kein Tod sein, sondern ein hundertjähriger tiefer Schlaf, in welchen die Königstochter fällt."

Der König, der sein liebes Kind vor dem Unglück gern bewahren wollte, ließ den Befehl ausgeben, daß alle Spindeln im ganzen Königreiche verbrannt werden sollten. An dem Mädchen aber wurden die Gaben der weisen Frauen sämtlich erfüllt; denn es war so schön, sittsam, freundlich und verständig, daß es jedermann, der es ansah, liebhaben mußte. Es geschah, daß an dem Tage, wo es gerade fünfzehn Jahr alt ward, der König und die Königin nicht zu Haus waren und das Mädchen ganz allein im Schloß zurückblieb. Da ging es allerorten herum, besah Stuben und Kammern, wie es Lust hatte, und kam endlich auch an einen alten Turm. Es stieg die enge Wendeltreppe hinauf und gelangte zu einer kleinen Tür. In dem Schloß steckte ein verrosteter Schlüssel, und als es umdrehte, sprang die Tür auf, und da saß in einem kleinen Stübchen eine alte Frau mit einer Spindel und spann emsig ihren Flachs.

„Guten Tag, du Mütterchen", sprach die Königstochter, „was machst du da? „Ich spinne", sagte die Alte und nickte mit dem Kopf. „Was ist das für ein Ding, das so lustig herumspringt?" sprach das Mädchen und nahm die Spindel. Kaum hatte sie aber die Spindel angerührt, so ging der Zauberspruch in Erfüllung, und sie stach sich damit in den Finger. In dem Augenblick aber, wo

sie den Stich empfand, fiel sie auf das Bett nieder, das da stand, und lag in einem tiefen Schlaf.

Und dieser Schlaf verbreitete sich über das ganze Schloß, der König und die Königin, die eben heimgekommen waren und in den Saal getreten waren, fingen an, einzuschlafen und der ganze Hofstaat mit ihnen. Da schliefen auch die Pferde im Stall, die Hunde im Hofe, die Tauben auf dem Dache, die Fliegen an der Wand, ja, das Feuer, das auf dem Herde flackerte, ward still und schlief ein, und der Braten hörte auf zu brutzeln, und der Koch, der den Küchenjungen, weil er etwas versehen hatte, an den Haaren ziehen wollte, ließ ihn los und schlief. Und der Wind legte sich, und auf den Bäumen vor dem Schloß regte sich kein Blättchen mehr. Rings um das Schloß aber begann eine Dornenhecke zu wachsen, die jedes Jahr höher ward und endlich das ganze Schloß umzog und darüber hinaus wuchs, daß gar nichts mehr davon zu sehen war, selbst nicht die Fahne auf dem Dach.

Es ging aber die Sage in dem Land von dem schönen schlafenden Dornröschen; denn so ward die Königstochter genannt, also daß von Zeit zu Zeit Königssöhne kamen und durch die Hecke in das Schloß dringen wollten. Es war ihnen aber nicht möglich; denn die Dornen hielten fest zusammen, und die Jünglinge blieben darin hängen, konnten sich nicht wieder losmachen und starben eines jämmerlichen Todes.

Nach langen, langen Jahren kam wieder mal ein Königssohn in das Land und hörte, wie ein alter Mann von der Dornhecke erzählte, es sollte ein Schloß dahinter stehen, in welchem eine wunderschöne Königstochter, Dornröschen genannt,

schon seit hundert Jahren schliefe, und mit ihr schliefe der König und die Königin und der ganze Hofstaat. Er wußte auch von seinem Großvater, daß schon viele Königssöhne gekommen wären und versucht hätten, durch die Dornenhecke zu dringen, aber sie wären darin hängengeblieben und gestorben. Da sprach der Jüngling. „Ich fürchte mich nicht, ich will hinaus und Dornröschen sehen." Der gute Alte mochte ihm abraten, wie er wollte, er hörte nicht auf seine Worte.

Nun waren aber gerade die hundert Jahre verflossen, und der Tag war gekommen, wo Dornröschen wieder erwachen sollte. Als der Königssohn sich der Dornenhecke näherte, waren es lauter große, schöne Blumen, die taten sich von selbst auseinander und ließen ihn unbeschädigt hindurch, und hinter ihm taten sie sich wieder als eine Hecke zusammen. Im Schloßhof sah er die Pferde und scheckigen Jagdhunde liegen und schlafen; auf dem Dache saßen die Tauben und hatten das Köpfchen unter den Flügel gesteckt. Und als er ins Haus kam, schliefen die Fliegen an der Wand, der Koch in der Küche hielt noch die Hand, als wollte er den Jungen anpacken, und die Magd saß vor dem schwarzen Huhn, das sollte gerupft werden. Da ging er weiter und sah im Saale den ganzen Hofstaat liegen und schlafen, und oben bei dem Throne lagen der König und die Königin. Da ging er noch weiter, und alles war so still; endlich kam er zu dem Turm und öffnete die Tür zu der Stube, in welcher Dornröschen schlief.

Da lag es und war so schön, daß er die Augen nicht abwenden konnte, und er bückte sich und gab ihm einen Kuß. Wie er es mit dem Kuß berührt hatte, schlug Dornröschen die Augen auf, *erwachte und blickte ihn ganz freundlich an. Da gingen sie zusammen hinab, und der König erwachte und die Königin und der ganze Hofstaat, und sie sahen einander mit großen Augen an. Und die Pferde im Hof standen auf und rüttelten sich; die Jagdhunde sprangen und wedelten; die Tauben auf dem Dache zogen das Köpfchen unterm Flügel hervor, sahen umher und flogen ins Feld; die Fliegen an den Wänden krochen weiter; das Feuer in der Küche erhob sich, flackerte und kochte das Essen; der Braten fing wieder an zu brutzeln; und der Koch gab dem Jungen eine Ohrfeige, daß er schrie, und die Magd rupfte das Huhn fertig. Und da wurde die Hochzeit des Königssohns mit dem Dornröschen in aller Pracht gefeiert, und sie lebten vergnügt bis an ihr Ende.*

Symbolik und Interpretation des Märchens

In *mystischer Deutung* beschreibt dieses Märchen den inneren Kampf des Menschen (des Prinzen) um Erlösung, die Rettung der Seele (Dornröschen) aus dem „Schlaf" des Alltags- und Körperbewußtseins.

Bei der *Skriptinterpretation* von Dornröschen handelt es sich um ein „Eheverbot" für ein Mädchen. Die Familiensituation ist hier so, daß der Vater mit seiner Frau als Partnerin unzufrieden ist und deshalb positive und erotische Gefühle über Gebühr auf die Tochter überträgt. Die Mutter rächt sich daraufhin (unbewußt) an ihrer Tochter für die Zurücksetzung durch den Mann. Sie spielt die dreizehnte Fee wie im Märchen und „verwünscht" die Tochter über entsprechende unterschwellige Skriptbotschaften, *sich selbst nicht als Frau zu spüren*, somit in den „Dornröschenschlaf" zu verfallen und deshalb folgerichtig alleine zu bleiben, ewig auf einen Mann als Erlöser zu warten. Die Lösung für die Tochter kommt dann, wenn sie als erwachsene Frau wieder zur eigenen Wahrnehmung ihrer Weiblichkeit zurückfindet. Das Aufwachen aus dem Dornröschenschlaf bedeutet dann, das unbewußte Festhalten an der starr machenden Familiensituation der Kindheit aufzugeben. Dann wird sie nicht mehr auf die Erlösung von außen „eine lange Zeit" warten, sondern versuchen, gleich jetzt aufzuwachen, aus der „Skript-Welt" herauszutreten. Das gelingt besonders dann, wenn man der Klientin klar macht, daß sie „nach 100 Jahren" nicht als junges Mädchen, sondern als alte Frau erwachen wird. Der *Befreiungssatz* lautet hier: „Ich werde auf keinen Prinzen warten, *ich spüre mich erst selbst als Frau*, stehe auf und schaue mich in der Welt um, wie sie wirklich ist. Dann werde ich auch eher einem passenden Partner begegnen."

In *psychoanalytischer Sicht* ist „Dornröschen" ein „Pubertätsmärchen", das dem Kind die beruhigende Gewißheit gibt, daß die für diese Zeit typische Innenwendung und Passivität sinnvoll ist und wieder vorübergehen wird. Das junge Mädchen löst sich vom Elternhaus und findet zur Partnerbegegnung, obwohl sich die Eltern mit allen Mitteln darum bemühen, das sexuelle Aufwachen des Kindes zu verhindern. Das Stechen an der Spindel, das Fließen von Blut, ist symbolisch für das erste Eintreten der Menstruation. Der Vater (der König im Märchen) möchte die Tochter bei sich behalten und tut in den Vorgängen des Märchens alles, um zu verhindern, daß es zu der schicksalhaften Blutung kommt. Die Begegnung mit der alten Frau (den Gesetzmäßigkeiten der weiblichen Entfaltung) und der Spindel wird somit als das Erwachen zur Möglichkeit der Sexualität gedeutet, ein überwältigendes Erlebnis für das Kind, wenn es emotional noch nicht reif dafür ist. Deshalb braucht es den Schlaf als notwendigen Schutz vor zu früher tatsächlicher sexueller Begegnung. Sexualität und Partnerschaftskontakte finden mehr als eine Art Probehandeln statt, die man in den Erlösungsversuchen der immer wieder anstürmenden und scheiternden Prinzen symbolisiert sehen kann. Es ist noch nicht die Zeit für eine erwachsene Begegnung des Weiblichen mit dem Männlichen, also können auch Aktionen keine Lösung bringen. Sie bringen nur die Vorerfahrungen, die schließlich mit viel Geduld zur Reife führen, so daß sich die scheinbar undurchdringliche Dornenhecke vor dem Königssohn, dem Mann, öffnen kann, um ihn einzulassen.

Vertiefungsfragen

„Hast du dich auch schon einmal gestochen, wie war das?" – „Wie wäre es, wenn Dornröschen einfach sagen würde: Ach, ich mag nicht so lange warten und schlafen, ich stehe schon eher auf?" An Mädchen: „Möchtest du auch so lange schlafen und warten, bis ein Prinz kommt?" – „Wie lange würdest denn du schlafen, wenn du die Prinzessin wärst, auch 100 Jahre?" – „Im wirklichen Leben muß man aber nicht so lange auf einen Prinzen warten, was meinst du?" An Jungen: „Was würdest du machen, wenn du als Prinz nicht durch die Dornenhecke kommst, wenn du kein Schwert hättest?"

Vertiefungsmöglichkeiten – Ideensammlung

Dornröschenspiel, Schloß als Scherenschnitt, Rollenspiel, Singspiel, Märchenlegen mit Zauberwolle, Rosenkugel, Rosenherz, Rosencollage aus getrockneten Rosenblättern, Feenhüte herstellen, Festessen mit kleinen selbstgebackenen Kuchen mit rosa Zuckerguß oder Plätzchen in Rosenform mit rosa Zuckerguß, Spinnrad betrachten, Heckenrose pflanzen (siehe *Schneeweißchen und Rosenrot*), Tastwand gestalten und damit spielen, Feen als Seidenmarionetten herstellen, Märchenkerze mit Rosenmuster verzieren, Märchen legen mit Naturmaterial, Rosenmeditation bzw. Rosen-Phantasiereise,

Tüllrosen (siehe *Schneeweißchen und Rosenrot*).

Praktische Beispiele

Dornröschenspiel

Das Spiel muß vor Beginn gut erklärt werden, auch durch praktisches Vormachen, sonst können es kleinere Kinder nicht ohne weiteres nachvollziehen.

Zur Vorbereitung müssen kleine Karten oder Zettel hergerichtet werden, so viele, wie Kinder mitspielen. Auf allen Zetteln mit Ausnahme von zweien ist eine Rose aufgemalt, auf den ersten restlichen Zettel wird eine Spindel gemalt, auf die letzte Karte eine Krone. Jedes Kind darf nun verdeckt eine Karte ziehen. Wer die Karte mit der Spindel zieht, ist die (böse) Fee, der Zettel mit der Krone bestimmt den Prinzen. Der Prinz gibt

sich sofort allen zu erkennen, die böse Fee aber darf sich nicht verraten.

Nun beginnt das Spiel: Die Kinder sitzen im Kreis. Die Fee verzaubert alle Kinder nacheinander dadurch in den Schlaf, indem sie vom Prinzen unbemerkt einem Kind den ausgestreckten Zeigefinger (die Spindel) zeigt. Dieses Kind fängt dann sofort zu gähnen an und stellt sich schlafend. Die Fee muß das so geschickt und verdeckt machen, daß der Prinz möglichst lange nicht merkt, wer denn die Fee ist. Seine Aufgabe dagegen ist es, so bald wie möglich herauszufinden, wer die Fee mit der Spindel spielt. Im Moment, wo er das entdeckt, auf sie deutet und laut sagt: „Du bist die dreizehnte Fee!", wachen alle bis dahin „schlafenden" Kinder wieder auf, tanzen und sagen: „Wir sind aufgewacht und leben, oh, wie ist das Leben schön!"

Schloßkulisse mit Dornenhecke als Scherenschnitt

Material: weißes, festes Papier, Bleistift, Schere, Teelicht, eventuell buntes Transparentpapier und Klebstoff, Zweige, Efeu, Rosen und Rosenblätter.

Durchführung: Schloßkulisse nach abgebildetem Muster oder vereinfacht ausschneiden und zweimal falzen. Aufgestellt und von hinten mit Teelichtern erleuchtet gibt dies ein zauberhaftes Märchenschloß. Kinder, die mehr gestalten wollen, können die Fenster

und Türen mit buntem Papier hinterkleben. Aus Efeu und Zweigen wird eine „Dornenhecke" herumgelegt. In die Zwischenräume können die Kinder Rosen, Rosenblätter, Federn und allerlei Naturmaterial stecken, bis die Hecke ganz dicht ist.

Dornröschens Rosenkugel

Material: Styroporkugel, Teppichklebeband (beidseitig klebend), 5 getrocknete Rosen (je nach Größe der Kugel), Golddraht und Zakkenkrausbouillon (das ist ein zackiger Golddraht), alles ist im Bastelgeschäft erhältlich.

Durchführung: Die Styroporkugel wird mit Teppichband beklebt. Hierbei muß die Erzieherin noch behilflich sein, aber die getrockneten Rosenblätter kleben die Kinder mit Leichtigkeit selbst einzeln auf, bis keine Stelle mehr frei ist. Mit Golddraht und mit Zackenkrausbouillon wird die Kugel mehrmals umwickelt. Eventuell kann man die Kugel noch mit Duftöl beträufeln. Diese Rosenkugel wird auch von Erwachsenen als Geschenk sehr geschätzt!

Rosenherz

Material: Styropor, kleine Styropor-Säge oder sehr scharfes Messer, Stift und Papier, getrocknete Rosen oder getrocknete Rosenblätter, Styroporkleber.

Durchführung: Auf ein Blatt Papier wird ein Herz gemalt, ausgeschnitten und dann auf das Styropor gelegt, um die Umrisse abzuzeichnen. Das Herz wird ausgesägt oder ausgeschnitten. Nach und nach werden kleinere Felder mit Styroporkleber bestrichen und die Rosen dicht aneinander in das Styropor gesteckt. Variante: Nur einzelne Rosenblätter aufkleben. Das Herz kann man noch mit Aromaöl (Rosenduft) beträufeln. Zur Arbeitserleichterung: Es gibt in Bastelgeschäften fertige, vollplastische Herzen aus Styropor!

Rosenblättercollage

Material: festes Papier, Tapetenkleister, Pinsel, getrocknete Rosenblätter.

Durchführung: Die Kinder kleben die Rosenblätter nach ihrer Phantasie auf ein Blatt. Je nach Alter und Ideen entstehen Ornamente, oder es werden die Blätter zu Blumen arrangiert.

Singspiel „Dornröschen war ein schönes Kind"

1. Dorn - rös - chen war ein schö - nes Kind, schö - nes Kind,

schö - nes Kind. Dorn - rös - chen war ein schö - nes Kind, schö - nes Kind.

	2.	Dornröschen, nimm dich ja in acht!
	3.	Da kam die böse Fee herein.
Böse Fee:	4.	„Dornröschen, du mußt sterben."
Alle:	5.	Da kam die gute Fee herein.
Gute Fee:	6.	„Dornröschen, schlafe hundert Jahr!"
Alle:	7.	Da wuchs die Hecke riesengroß.
	8.	Da kam ein junger Königssohn.
Königssohn:	9.	„Dornröschen, wache wieder auf!"
Alle:	10.	Da feierten sie Hochzeitsfest.

Auszuführen als Kreisspiel mit pantomimischer Darstellung.

mündl. Uberlieferung
(Aus: Richard Rudolf Klein; Willkommen, lieber Tag, Band 1, © Verlag Moritz Diesterweg, Frankfurt am Main)

Phantasiereise – Rosenmeditation

Raumgestaltung: eine entspannende, meditative Atmosphäre schaffen, den Raum etwas abdunkeln, bequeme Liegemöglichkeiten bereitstellen, eine Aromalampe einsetzen.

Musikvorschlag: Claude Debussy, *„Sonate für Flöte, Bratsche und Harfe"/1. Satz „Pastorale".* (Als CD z.B. erhältlich von Decca 42 11 54 -2.) Oder ein passendes Stück aus: *„Transformation Of A Waterlily"* von Michael Wehr (CD Intercord Nr. 860 231).

Die Kinder betreten leise den Raum und suchen sich einen Platz, legen sich dort auf den Boden. Der Erwachsene spricht zur Einstimmung in die Entspannung den anschließenden Text, im Hintergrund läuft passende Musik. Den Kindern muß vorher deutlich gesagt werden, daß sie die Augen während der ganzen Übung geschlossen halten sollen.

Einleitung: „Fühlt euch ganz bequem auf dem Rücken – bewegt euch noch ein bißchen hin und her, bis ihr ganz ruhig daliegen könnt. So, und jetzt schaut mal, wie ihr atmet, spürt genau, wie die Luft durch die Nase hereinkommt und wie sie wieder hinausgeht, hereinkommt und wieder hinausgeht. Und immer, wenn ihr ausatmet, wird euer Körper leichter und lockerer, liegt ihr immer noch bequemer auf dem Boden. Und wieder ausatmen und leicht und locker und bequem daliegen – immer mehr und immer

mehr. – Jetzt bist du schon ganz leicht und locker und ruhig, liegst entspannt auf dem Boden, so, als ob du schlafen würdest – aber in Wirklichkeit bleibst du, mit geschlossenen Augen, ganz, ganz wach. Jetzt nehme ich dich mit, nicht in Wirklichkeit, aber in der Phantasie, auf eine Reise in einen wunderschönen Garten, und dort darfst du dich in eine Blume verwandeln."

Durchführung:

„Stelle dir vor, du bist eine Rose und wächst in diesem schönen Garten. Spüre deine Wurzeln und spüre die Knospe, die du bist, in einer Farbe, die dir gut gefällt. Schaue etwas im Garten herum, was du da alles sehen kannst. – Nun strahlt die Sonne auf dich, sie erwärmt dich und bringt dich zum Wachsen und Blühen. – Höre jetzt den Regen und spüre, wie das Wasser bis zu deinen Wurzeln dringt und dich weiter wachsen läßt. – Langsam öffnet sich nun die Knospe, deine Blütenblätter entfalten sich und verströmen einen herrlichen Duft. Ganz glücklich bist du jetzt über deine Schönheit. – Fühle dich als wunderschöne, aufgeblühte Rose, spüre dich als Stiel, als Blätter und Dornen und als Wurzeln. Deine Beine sind die Wurzeln, deine Arme sind die Zweige mit den Blättern, dein Kopf ist die Blüte. Mitten im Garten stehst du, und alle Menschen, die dich sehen, freuen sich über deine Pracht. – Der Wind streift jetzt durch deine Blätter und bewegt dich ganz sanft. Bienen kommen vorbeigeflogen und holen sich den süßen Nektar aus deiner Blüte. – Und jetzt kommt ein Schmetterling und läßt sich ganz sachte auf dir nieder. Genieße die Freundschaft mit dem Schmetterling. – Jetzt fällt dir ein, daß du das alles nur träumen könntest, daß du in Wirklichkeit vielleicht gar keine Rose bist, sondern ein Mädchen oder ein Junge. Ja, genau so ist es, du hast gerade nur ein bißchen geträumt und nun ist es Zeit, wieder aufzuwachen.

So spüre deinen Atem ein bißchen deutlicher, atme etwas kräftiger und komme dadurch wieder zurück in deinen Körper, deine Beine, deinen Rumpf, deine Arme und den Kopf. – Gönne dir ein paar lange, gute, tiefe Atemzüge, die dich lebendiger und lebendiger machen. Dehne und strecke dich, so wie es dir Spaß macht – und mache jetzt ganz langsam die Augen wieder auf und komm hoch zum Sitzen, ganz wach und frisch und gesund!"

Anschließend dürfen die Kinder die Rose malen, die sie erlebt haben – im Hintergrund läuft dazu Musik.

Feenhüte

Material: bunter, großer Fotokarton oder größere Tapetenreste mit Rosen-, Blüten- oder Rankenmuster, Schere, Tacker, Kleber, Hutgummi oder Haarklammern, Gardinenreste oder Tüll, Pailletten, Glitter, Borten- und Spitzenreste, Papierspitzen von Tortendeckchen.

Anfertigung: Auf den Karton einen Kreis mit 90 cm Durchmesser aufzeichnen und ausschneiden. Diesen Kreis halbieren und dann jede Hälfte noch einmal durchschneiden. Aus diesen Kreisvierteln kann man vier Feenhüte machen. Dabei beachten: Der Umfang des Viertelkreises ergibt den Kopfumfang. Nun das Kreisviertel als Spitzhut zusammendrehen, oben eine kleine Öffnung für den Schleier lassen, nach der Anprobe erst festkleben oder tackern.

Von innen an die Spitze des Hutes den Tüll oder den Gardinenrest festkleben oder einen Knoten machen, damit das Tuch verankert ist und kein Kleber verwendet werden muß. Nun das Tuch vorsichtig durch die Öffnung schieben. Die Mädchen können jetzt ihren Feenhut mit Glitter verzieren, mit Borten, Spitzen und Pailletten bekleben. Der Feenhut kann mit Haarklammern oder mit einem passenden Hutgummi gut am Kopf befestigt werden.

Rosenplätzchen

Rosenschablone herstellen: Die Kinder malen eine Rose auf einen Karton und schneiden sie aus.

Zutaten für Mürbteig: 500 g Mehl, 175 g Zucker, 1 Prise Salz, 1 TL Zimt, 2 Eier, 250 g Margarine und etwas Mehl zum Ausrollen.

Zutaten für die Verzierung (Zuckerguß): 2 Eiweiß, 400 g Puderzucker, rosa Lebensmittelfarbe, Schokostreusel oder Liebesperlen in verschiedenen Farben, Zuckerblümchen.

Zubereitung des Teiges: Mehl auf die Arbeitsplatte sieben und in die Mitte eine Vertiefung drücken. Zucker und Salz hineingeben. Die Eier in einer Tasse verquirlen und in die Mitte geben. Die sehr kalte Margarine mit dem Messer in kleine Stückchen schneiden und auf den Mehlrand geben. Nun die Zutaten in der Mitte verrühren, dabei schon etwas Mehl untermischen. Dann mit beiden Händen die Zutaten kräftig vermischen und gut durchkneten. Den Teig zu einer Rolle formen und verpackt im Kühlschrank eine Stunde kalt stellen. Backblech einfetten und mehlen oder mit Backtrennpapier belegen. Danach Teig ausrollen, die Rosen mit der Schablone ausschneiden, auf das Backblech legen und 10–15 Minuten bei 200 Grad, Gasherd Stufe 3, backen. Die Rosen auf Kuchengitter auskühlen lassen.

Zuckerguß-Zubereitung: Mit dem Handrührgerät Eiweiß steif schlagen, den gesiebten Puderzucker unterrühren, bis ein dicker Guß entsteht. Die gesamte Menge auf mehrere Schälchen aufteilen und mit rosa Lebensmittelfarben einfärben. Anschließend den Guß mit Pinsel auf die erkalteten Plätzchen auftragen und sie in der Mitte mit Schokostreuseln oder Liebesperlen als Blütenstaub verzieren.

Tastwand

Material: verschiedene Naturmaterialien wie Efeu und Gestrüpp zur Darstellung der „hundertjährigen Hecke", Flachs oder Wollvlies von der spinnenden Alten im Turm, ein Stückchen Tüll vom Schleier einer guten Fee, getrocknete Rosen oder Rosenblätter (symbolisch für das Dornröschen stehend), eine goldfarbene Kette sowie ein Ring für König und Königin, um nur einige Beispiele zu nennen; ein Brett (oder eine Spanplatte) und Holzleim sowie einen Pinsel; eine Augenbinde für das Spiel.

Herstellung: Die Utensilien werden auf einem Brett mit den Kindern angeordnet und aufgeklebt. Nach dem Trocknen kann gespielt werden.

Spiel: Einem Kind werden die Augen verbunden, es darf mit den Händen auf dem Brett herumspazieren und fühlen. Das Kind berichtet, was es alles mit den Händen entdeckt, zu welchem Märchenwesen die Tastsymbole gehören, oder es erzählt, je nach Alter, zu dem gefühlten Material die Szenen aus dem Märchen.

Weben mit Naturmaterial

Wir weben ein Stück aus der hundertjährigen Hecke (als Gemeinschafts- oder Einzelarbeit).

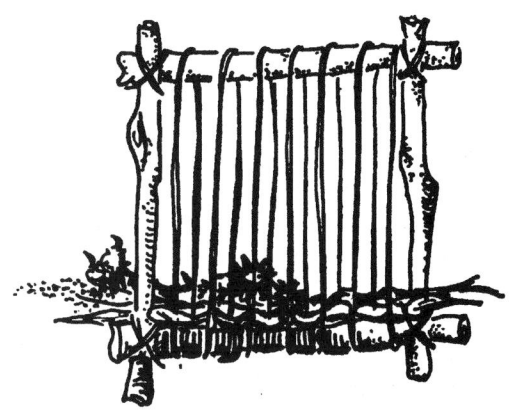

Material für den Rahmen: ca. 30 bis 40 cm lange Äste, Paketschnur.

Material zum Weben: Gräser, Getreideähren, Stroh, Rindenstücke, Wurzelstücke, Moos, Strohblumen, getrocknete Rosen oder andere getrocknete Blumen, Schafwollvlies.

Herstellung des Rahmens: Vier Äste werden an den Enden übereinandergelegt und mit Paketschnur aneinandergebunden. Das Gerüst für den Webrahmen ist damit schon fertig. Die Kinder können nun die Bespannung mit Paketschnur wickeln. Im Abstand von 1 bis 2 cm auf und ab. Die Enden am Ast gut verknoten. Sind die Äste sehr glatt und will man mehr Arbeitsgänge anbieten, dann können die Kinder auch im Abstand von 1 bis 2 cm kleine Ritzen in den oberen und unteren Ast einsägen, damit die Bespannung nicht verrutschen kann.

Weben mit Naturmaterial: Den Kindern sollte die Art des Webens schon etwas vertraut sein. Das Material liegt übersichtlich in Körbchen auf dem Tisch. Die Kinder können sich frei entscheiden, welche Materialien sie verwenden und in welcher Reihenfolge sie diese einflechten. Ist das Werk fertig, eine Schnur zum Aufhängen anbringen.

Märchenkerze gestalten

Material: 1 große weiße Kerze, Wachsfolien in rosa und grün.

Durchführung: Jedes Kind modelliert kleine Rosenblätter und jeweils auch mehrere grüne Blätter aus den Wachsplättchen. Nacheinander drücken die Kinder ihre Blätter an der Kerze fest. Wichtig ist nur, daß die Größe der Blätter und der Rose anschaulich abgesprochen wird: „etwa so groß wie ein Fingernagel" oder „so groß wie ein Muggelsteinchen". Weitere Anregungen zur Kerzengestaltung in *„Kerzen bunt gestalten"* von Susanne Ströse (Don Bosco Verlag 1995).

Schneeweißchen und Rosenrot

Eine arme Witwe lebte einsam in einem Hütt-chen, und vor dem Hüttchen war ein Garten, dar-in standen zwei Rosenbäumchen, davon trug das eine weiße, das andere rote Rosen. Und sie hatte zwei Kinder, die glichen den beiden Rosenbäum-chen, und das eine hieß Schneeweißchen, das andere Rosenrot. Sie waren aber so fromm und gut, so arbeitsam und unverdrossen, als je zwei Kinder auf der Welt gewesen sind. Schneeweiß-chen war nur stiller und sanfter als Rosenrot. Rosenrot sprang lieber in den Wiesen und Feldern umher, suchte Blumen und fing Sommervögel. Schneeweißchen aber saß daheim bei der Mutter, half ihr im Hauswesen oder las ihr vor, wenn nichts zu tun war.

Die beiden Kinder hatten einander so lieb, daß sie sich immer an den Händen faßten, sooft sie zusammen ausgingen. Und wenn Schneeweiß-chen sagte: „Wir wollen uns nicht verlassen", so antwortete Rosenrot: „Solange wir leben, nicht." Und die Mutter setzte hinzu: „Was das eine hat, soll's mit dem andern teilen." Oft liefen sie im Walde allein umher und sammelten rote Beeren, aber kein Tier tat ihnen etwas zuleid, sondern sie kamen vertraulich herbei. Das Häschen fraß ein Kohlblatt aus ihren Händen, das Reh graste an ihrer Seite, der Hirsch sprang ganz lustig vorbei, und die Vögel blieben auf den Ästen sitzen und sangen. Kein Unfall traf sie; wenn sie sich im Walde verspätet hatten und die Nacht sie überfiel, so legten sie sich nebeneinander auf das Moos und schliefen, bis der Morgen kam, und die Mutter

wußte das und hatte ihretwegen keine Sorge. Ein-mal, als sie im Walde übernachtet hatten und das Morgenrot sie aufweckte, da sahen sie ein schönes Kind in einem weißen, glänzenden Kleidchen neben ihrem Lager sitzen. Es stand auf und blick-te sie freundlich an, sprach aber nichts und ging in den Wald hinein. Und als sie sich umsahen, so hatten sie ganz nahe bei einem Abgrunde geschla-fen und wären gewiß hineingefallen, wenn sie in der Dunkelheit noch ein paar Schritte weiterge-gangen wären. Die Mutter aber sagte ihnen, das müßte der Engel gewesen sein, der gute Kinder bewache.

Schneeweißchen und Rosenrot hielten das Hütt-chen der Mutter so reinlich, daß es eine Freude war. Im Sommer besorgte Rosenrot das Haus und stellte der Mutter jeden Morgen, ehe sie aufwach-te, einen Blumenstrauß vors Bett, darin war von jedem Bäumchen eine Rose. Im Winter zündete Schneeweißchen das Feuer an und hing den Kessel an den Feuerhaken, und der Kessel war von Mes-sing, glänzte aber wie Gold, so rein war er gescheuert. Abends, wenn die Flocken fielen, sagte die Mutter. „Geh, Schneeweißchen, und schieb den Riegel vor", und dann setzten sie sich an den Herd, und die Mutter nahm die Brille und las aus einem großen Buche vor, und die beiden Mädchen hörten zu und spannen; neben ihnen lag ein Lämmchen auf dem Boden, und hinter ihnen auf einer Stange saß ein weißes Täubchen und hatte seinen Kopf unter die Flügel gesteckt.

Eines Abends, als sie so vertraulich beisammensa-

ßen, klopfte jemand an die Tür, als wollte er eingelassen sein. Die Mutter sprach: „Geschwind, Rosenrot, mach auf, es wird ein Wanderer sein, der Obdach sucht." Rosenrot ging und schob den Riegel weg und dachte, es wäre ein armer Mann, aber der war es nicht, es war ein Bär, der seinen dicken, schwarzen Kopf zur Tür hereinsteckte. Rosenrot schrie laut und sprang zurück; das Lämmchen blökte, das Täubchen flatterte auf, und Schneeweißchen versteckte sich hinter der Mutter Bett. Der Bär aber fing an zu sprechen und sagte: „Fürchtet euch nicht, ich tue euch nichts zuleid, ich bin halb erfroren und will mich nur ein wenig bei euch wärmen."

„Du armer Bär", sprach die Mutter, „leg dich ans Feuer und gib nur acht, daß dir dein Pelz nicht brennt." Dann rief sie: „Schneeweißchen, Rosenrot, kommt hervor, der Bär tut euch nichts, er meint's ehrlich." Da kamen sie beide heran,

und nach und nach näherten sich auch das Lämmchen und Täubchen und hatten keine Furcht. Der Bär sprach: „Ihr Kinder, klopft mir den Schnee ein wenig aus dem Pelzwerk", und sie holten den Besen und kehrten dem Bär das Fell rein; er aber streckte sich ans Feuer und brummte ganz vergnügt und behaglich. Nicht lange, so wurden sie ganz vertraut und trieben Mutwillen mit dem unbeholfenen Gast. Sie zausten ihm das Fell mit den Händen, setzten ihre Füßchen auf seinen Rücken und walgerten ihn hin und her, oder sie nahmen eine Haselrute und schlugen auf ihn los, und wenn er brummte, so lachten sie. Der Bär ließ sich's gerne gefallen, nur wenn sie's zu arg machten, rief er:

„Laßt mich am Leben, ihr Kinder!
Schneeweißchen, Rosenrot,
schlägst dir den Freier tot."

Als Schlafenszeit war und die andern zu Bett gingen, sagte die Mutter zu dem Bär: „Du kannst da am Herd liegenbleiben, so bist du vor der Kälte und dem bösen Wetter geschützt." Sobald der Tag graute, ließen ihn die Kinder hinaus, und er trabte durch den Schnee in den Wald hinein. Von nun an kam der Bär jeden Abend zu der bestimmten Stunde, legte sich an den Herd und erlaubte den Kindern, Kurzweil mit ihm zu treiben, soviel sie wollten; und sie waren so gewöhnt an ihn, daß die Tür nicht eher zugeriegelt ward, bis der schwarze Gesell angelangt war.

Als das Frühjahr herangekommen und draußen alles grün war, sagte der Bär eines Morgens zu Schneeweißchen: „Nun muß ich fort und darf den ganzen Sommer nicht wiederkommen." – „Wo gehst du denn hin, lieber Bär?" fragte Schneeweißchen. „Ich muß in den Wald und meine Schätze vor den bösen Zwergen hüten. Im Winter, wenn die Erde hart gefroren ist, müssen sie wohl unten bleiben und können sich nicht durcharbeiten, aber jetzt, wenn die Sonne die Erde aufgetaut hat, da steigen sie herauf, suchen und stehlen; was einmal in ihren Händen ist und in ihren Höhlen liegt, das kommt so leicht nicht wieder an des Tages Licht." Schneeweißchen war ganz traurig über den Abschied, und als es ihm die Tür aufriegelte und der Bär sich hinaus drängte, blieb er an dem Türhaken hängen, und ein Stück seiner Haut riß auf, und da war es Schneeweißchen, als hätte es Gold durchschimmern sehen, aber es war seiner Sache nicht gewiß. Der Bär lief eilig fort und war bald verschwunden.

Nach einiger Zeit schickte die Mutter die Kinder in den Wald, Reisig zu sammeln. Da fanden sie draußen einen großen Baum, der lag gefällt auf dem Boden, und an dem Stamme sprang zwischen dem Gras etwas auf und ab, sie konnten aber nicht unterscheiden, was es war. Als sie näher kamen, sahen sie einen Zwerg mit einem alten, verwelkten Gesicht und einem ellenlangen, schneeweißen Bart. Das Ende des Bartes war in eine Spalte des Baumes eingeklemmt, und der Kleine sprang hin und her wie ein Hündchen an einem Seil und wußte nicht, wie er sich helfen sollte. Er glotzte die Mädchen mit seinen roten, feurigen Augen an und schrie: „Was steht ihr da!

Könnt ihr nicht herbeigehen und mir Beistand leisten?"

„Was hast du angefangen, kleines Männchen?" fragte Rosenrot. „Dumme, neugierige Gans", antwortete der Zwerg, „den Baum habe ich mir spalten wollen, um kleines Holz in der Küche zu haben; bei den dicken Klötzen verbrennt gleich das bißchen Speise, das unsereiner braucht, der nicht soviel hinunterschlingt wie ihr grobes, gieriges Volk. Ich hatte den Keil schon glücklich hineingetrieben, und es wäre alles nach Wunsch gegangen, aber das verwünschte Holz war zu glatt und sprang unversehens heraus, und der Baum fuhr so geschwind zusammen, daß ich meinen schönen, weißen Bart nicht mehr herausziehen konnte; nun steckt er drin, und ich kann nicht fort. Da lachen die albernen, glatten Milchgesichter! Pfui, was seid ihr garstig!" Die Kinder gaben sich alle Mühe, aber sie konnten den Bart nicht herausziehen, er steckte zu fest. „Ich will laufen und Leute herbeiholen", sagte Rosenrot. „Wahnsinnige Schafsköpfe", schnarrte der Zwerg, „wer wird gleich Leute herbeirufen, ihr seid mir schon um zwei zuviel; fällt euch nichts Besseres ein?"

„Sei nur nicht ungeduldig", sagte Schneeweißchen, „ich will schon Rat schaffen", holte sein Scherchen aus der Tasche und schnitt das Ende des Bartes ab. Sobald der Zwerg sich frei fühlte, griff er nach einem Sack, der zwischen den Wurzeln des Baumes steckte und mit Gold gefüllt war, hob ihn heraus und brummte: „Ungehobeltes Volk, schneidet mir ein Stück von meinem stolzen Barte ab! Lohn's euch der Kuckuck!" Damit schwang er seinen Sack auf den Rücken und ging fort, ohne die Kinder noch einmal anzusehen.

Einige Zeit danach wollten Schneeweißchen und Rosenrot ein Gericht Fische angeln. Als sie nahe bei dem Bach waren, sahen sie, daß etwas wie eine große Heuschrecke nach dem Wasser zu hüpfte, als wollte es hineinspringen. Sie liefen heran und erkannten den Zwerg. „Wo willst du hin?" sagte Rosenrot, „du willst doch nicht ins Wasser?" „Solch ein Narr bin ich nicht", schrie der Zwerg, „seht ihr nicht? Der verwünschte Fisch will mich hineinziehen!" Der Kleine hatte dagesessen und geangelt, und unglücklicherweise hatte der Wind seinen Bart mit der Angelschnur verflochten. Als gleich darauf ein großer Fisch anbiß, fehlten dem schwachen Geschöpf die Kräfte, ihn herauszuziehen, der Fisch behielt die Oberhand und riß den Zwerg zu sich hin. Zwar hielt er sich an allen Halmen und Binsen, aber das half nicht viel, und er war in beständiger Gefahr, ins Wasser gezogen zu werden. Die Mädchen kamen zu rechter Zeit, hielten ihn fest und versuchten, den Bart von der Schnur loszumachen, aber vergebens. Bart und Schnur waren fest ineinander verwirrt. Es blieb nichts übrig, als das Scherchen hervorzuholen und den Bart abzuschneiden, wobei ein kleiner Teil desselben verlorenging. Als der Zwerg das sah, schrie er sie an: „Ist das Manier, ihr Lorche, einem das Gesicht zu schänden? Nicht genug, daß ihr mir den Bart unten abgestutzt habt, jetzt schneidet ihr mir den besten Teil davon ab, ich darf mich vor den Meinigen gar nicht sehen lassen. Daß ihr laufen müßtet und die Schuhsohlen verloren hättet!" Dann holte er einen Sack Perlen, der im Schilfe lag, und ohne noch etwas zu sagen, verschwand er damit hinter einem Stein.

Es trug sich zu, daß bald hernach die Mutter die beiden Mädchen nach der Stadt schickte, Zwirn, Nadeln, Schnüre und Bänder einzukaufen. Der Weg führte sie über eine Heide, auf der hier und da mächtige Felsenstücke zerstreut lagen. Da sahen sie einen großen Vogel in der Luft schweben, der langsam über ihnen kreiste, sich immer tiefer herabsenkte und endlich nicht weit bei einem Felsen niederstieß. Gleich darauf hörten sie einen durchdringenden, jämmerlichen Schrei. Sie liefen herzu und sahen mit Schrecken, daß der Adler ihren alten Bekannten, den Zwerg, gepackt hatte und ihn forttragen wollte. Die mitleidigen Kinder hielten das Männchen fest und zerrten sich so lange mit dem Adler herum, bis er seine Beute fahren ließ. Als der Zwerg sich von dem Schrecken erholt hatte, schrie er mit seiner kreischenden Stimme: „Konntet ihr nicht säuberlicher mit mir umgehen? Gerissen habt ihr an meinem dünnen Röckchen, daß es überall zerfetzt und durchlöchert ist, unbeholfenes und läppisches Gesindel, das ihr seid!" Dann nahm er einen Sack mit Edelsteinen und schlüpfte wieder in seine Höhle. Die Mädchen waren an seinen Undank schon gewöhnt, setzten ihren Weg fort und verrichteten ihr Geschäft in der Stadt.

Als sie beim Heimweg wieder auf die Heide kamen, überraschten sie den Zwerg, der auf einem reinlichen Plätzchen seinen Sack mit Edelsteinen ausgeschüttet und nicht gedacht hatte, daß so spät noch jemand daherkommen würde. Die Abendsonne schien über die glänzenden Steine, sie schimmerten und leuchteten so prächtig in allen Farben, daß die Kinder stehenblieben und sie betrachteten. „Was steht ihr da und habt Maulaffen feil?" schrie der Zwerg, und sein aschgraues

Gesicht ward zinnoberrot vor Zorn. Er wollte mit seinen Scheltworten fortfahren, als sich ein lautes Brummen hören ließ und ein schwarzer Bär aus dem Walde herbeitrabte.

Erschrocken sprang der Zwerg auf, aber er konnte nicht mehr zu seinem Schlupfwinkel gelangen, der Bär war schon in seiner Nähe. Da rief er in Herzensangst: „Lieber Herr Bär, verschont mich, ich will Euch alle meine Schätze geben, sehet, die schönen Edelsteine, die da liegen. Schenkt mir das Leben, was habt Ihr an mir kleinem, schmächtigem Kerl? Ihr spürt mich nicht zwischen den Zähnen; da, die beiden gottlosen Mädchen packt, das sind für Euch zarte Bissen, die freßt in Gottes Namen.“ Der Bär kümmerte sich um seine Worte nicht, gab dem boshaften Geschöpf einen Schlag mit der Tatze, und es regte sich nicht mehr.

Die Mädchen waren fortgesprungen, aber der Bär rief ihnen nach: „Schneeweißchen und Rosenrot, fürchtet euch nicht, wartet, ich will mit euch gehen.“ Da erkannten sie seine Stimme und blieben stehen, und als der Bär bei ihnen war, fiel plötzlich die Bärenhaut ab, und er stand da als ein schöner Mann, ganz in Gold gekleidet. „Ich bin eines Königs Sohn“, sprach er, „und war von dem gottlosen Zwerg, der mir meine Schätze gestohlen hatte, verwünscht, als ein wilder Bär in dem Walde zu laufen, bis ich durch seinen Tod erlöst würde. Jetzt hat er seine wohlverdiente Strafe empfangen.“

Schneeweißchen ward mit ihm vermählt und Rosenrot mit seinem Bruder, und sie teilten die großen Schätze miteinander, die der Zwerg in seiner Höhle zusammengetragen hatte. Die alte Mutter lebte noch lange Jahre glücklich bei ihren Kindern. Die zwei Rosenbäumchen aber nahm sie mit, und sie standen vor ihrem Fenster und trugen jedes Jahr die schönsten Rosen, weiß und rot.

Symbolik und Interpretation des Märchens

Schneeweißchen und Rosenrot ist eines der vielen Märchen vom „Tierbräutigam“, die die Pubertätsphase bewältigen helfen. Das Gemeinsame dieser Geschichten besteht darin, daß der Sexualpartner zunächst nicht zugänglich ist und als Tier erlebt wird. Schneeweißchen und Rosenrot zeigen die zwei Aspekte der weiblichen Psyche, den passiv-fühlenden-introvertierten und den aktiv-extravertierten. Das Männliche zeigt sich als freundlicher, gutmütiger Bär, den zu lieben nicht schwerfällt, der aber sein eigentliches, männlich-menschliches Wesen noch nicht offenbaren kann. Die zunächst für bedrohlich gehaltene Sexualität erscheint abgespalten in der Figur des Zwerges, der egoistisch und abstoßend ist und ein unheimliches Eigenleben im Dunklen des Waldes führt. Er hat die Schätze geraubt und damit die wertvollsten Persönlichkeitskräfte in Besitz, die in einer erwachsenen Partnerschaft zum Ausdruck kommen können. Der Zwerg repräsentiert darüber hinaus auch die eigene Unreife im Umgang mit der Natur und den eigenen Körperkräften, mit der aber die gesunden Teile der Psyche, nämlich Schneeweißchen und Rosenrot, ganz gut fertig werden. Die verschiedenen Begegnungen mit dem Zwerg sind in Wirklichkeit „Entwicklungsprüfungen" für das Mädchen und führen durch alle Bereiche der Weltbegegnung: Baumstamm steht für das Erdelement (Realitätsbewußtsein), die Angelszene für die Begegnung mit dem Wasser (Ebene der Gefühle), die Szene mit dem Adler für das Element Luft (Beherrschung der Gedankenwelt). Das Feuer (Leben, Geist) wird aber von Anfang an dem Bären (Symbol des guten Männlichen) zugeordnet, bei dem man sich geborgen fühlen kann. Bei der Doppelhochzeit am Schluß kann man mit gutem Grund vermuten, daß auch der Bruder des Prinzen von einem Fluch erlöst wurde. Wer anders sollte dieser Bruder denn sein als der erlöste Zwerg, das einst unreife, nicht partnerschaftsfähige Ich des Menschen, das wie der Zwergenbart „beschnitten" wurde, sich nun gewandelt hat und erwachsen geworden ist.

Vertiefungsfragen

„Wer möchtest du lieber sein: Schneeweißchen, das gerne zuhause ist und dort mithilft, oder Rosenrot, die lieber im Freien herumspringt?" – „Schneeweißchen und Rosenrot sind nur zu zweit mit dem bösen Zwerg fertig geworden, was können wir nur zu zweit schaffen?" – „Was geht zu zweit leichter, besser, was ist zu zweit schöner?" – „Wie haben Schneeweißchen und Rosenrot der Mutter, dem Bären geholfen, wie können wir anderen helfen?" – „Hast du schon einmal einen Bären gesehen und wo?" – „Der Zwerg hatte viele Schätze was ist denn dein persönlicher Schatz? Wo würdest du ihn denn verstecken, damit ihn niemand findet?" – „Beim ersten Besuch des Bären haben Schneeweißchen und Rosenrot Angst gehabt – hast du schon einmal Besuch bekommen, vor dem du dich am Anfang gefürchtet hast?" – „Hast du Geschwister – wärst du auch gerne zu zweit (oder zu mehreren) wie Schneeweißchen und Rosenrot?"

Vertiefungsmöglichkeiten – Ideensammlung

Phantasiereise, Wald aus Mooskegel, Kreisspiel, Bärenfest oder Hochzeitsfest, Bärenkekse backen, Rosenherz aus getrockneten Rosen (siehe „Dornröschen"), Schatzsuche (siehe „Hänsel und Gretel"), Medaillons aus Gips und dem „gefundenen Schatz", Legen mit Märchenwolle, Teddycollage aus Fell-, Plüsch- oder Stoffresten, Turnstunde mit dem Teddybär, einen weißen und einen roten Rosenbusch pflanzen, Rosenmeditation (siehe „Dornröschen"), Rosen aus Tülltüchern, Schattenspiel (siehe Kapitel „Schattenspiel"), Schatzsäckchen basteln, Rosenkarten, Fingerspiel, Gedicht.

Praktische Beispiele

Phantasiereise „Ich bin ein Bär"

Material: Musik, Kassettenrecorder, Text, ruhiger, etwas abgedunkelter Raum, Aromalampe.

Durchführung: Die Kinder betreten leise den Raum, bringen vielleicht auch ihren Teddybären als „Entspannungshilfe" mit und suchen sich einen Platz, legen sich dort auf den Boden. Der Erwachsene spricht zur Einstimmung in die Entspannung den anschließenden Text, im Hintergrund läuft passende Musik. *Vorschlag:* Gut geeignet ist eine speziell komponierte Musik mit Naturgeräuschen aus der Kassettenmeditation „Samsara – Geben und Nehmen" von Reinhold Pertler/ Christian Huber, 1. Phase (Dauer 10 Minuten, erst einsetzen nach der Einleitung)*.

Einleitung: „Fühlt euch ganz bequem auf dem Rücken – bewegt euch noch ein bißchen hin und her, bis ihr ganz ruhig daliegen könnt. So, und jetzt schaut mal, wie ihr atmet, spürt genau, wie die Luft durch die Nase hereinkommt und wie sie wieder hinausgeht, hereinkommt und wieder hinausgeht. Und immer, wenn ihr ausatmet, wird

euer Körper leichter und lockerer, liegt ihr immer noch bequemer auf dem Boden. – Und wieder ausatmen und leicht und locker und bequem daliegen – immer mehr und immer mehr. – Jetzt bist du schon ganz leicht und locker und ruhig, liegst entspannt auf dem Boden, so, als ob du schlafen würdest – aber in Wirklichkeit bleibst du, mit geschlossenen Augen, ganz, ganz wach. – Jetzt nehme ich dich mit, nicht in Wirklichkeit, aber in der Phantasie, auf eine Reise in den Märchenwald, und dort darfst du dich in einen Bären verwandeln."

„Ich lebe im Wald und bin ein großer starker Bär. Viele Menschen fürchten mich, weil ich so groß, stark und mächtig bin. Ich selber fühle mich aber sehr wohl in meinem Bärenfell. Gerne wandere ich im Walde umher, um meine Nahrung zu suchen. Ich finde genug zu essen und immer wieder einen Bach oder eine Quelle, um mit dem frischen Wasser meinen Durst zu stillen. – Und ab und zu begegne ich auch anderen Tieren im Wald, wem könnte ich da jetzt gerade begegnen? – Jetzt ist Sommer, und ich liege auf einer Waldlichtung und lasse mir die Sonne auf den Pelz scheinen, mir wird ganz warm. – Jetzt ist Winter, und es ist kalt, aber ich habe mir ein dickes Fell wachsen lassen, so daß mir Wind und Wetter und Schnee nichts anhaben können – ganz gemütlich liege ich in meiner Bärenhöhle und schaue hinaus in den winterlichen Wald. – Von außen sehe ich aus wie ein wilder Bär, aber in Wirklichkeit bin ich ganz anders. Nicht mehr lange wird

---

* Bezug über die Autoren C. und R. Pertler, München oder bei *Relaxed* Music Production, Christian Huber, Bräuhausstr. 2 , D-82216 Maisach, 0 81 41/9 55 74.

es dauern, dann kann ich mein Bärenfell ablegen und allen zeigen, daß ich in Wirklichkeit ein Prinz bin. – Jetzt träume ich davon, was ich als Prinz so gerne tun und erleben möchte, wie mein Leben dann ganz anders ist. – Jetzt fällt dir ein, daß du all das nur träumen könntest, daß du in Wirklichkeit vielleicht gar kein Bär und auch kein Prinz bist, sondern ein Mädchen oder ein Junge. Ja, genau so ist es, du hast gerade nur ein bißchen geträumt, und es ist jetzt Zeit, wieder aufzuwachen.

So spüre deinen Atem ein bißchen deutlicher, atme etwas kräftiger und mache damit deinen Körper lebendiger. Komme ganz zurück in deine Beine, deinen Rumpf, deine Arme und den Kopf. Gönne dir ein paar lange, gute, tiefe Atemzüge, die dich noch frischer und lebendiger machen. Dehne und strecke dich, so wie es dir Spaß macht – und mache jetzt ganz langsam die Augen wieder auf und komm hoch zum Sitzen, frisch und munter und gesund!"

Die Kinder erzählen oder malen nun, was sie als Bär und Prinz alles erlebten. Die Musik kann dazu sehr leise im Hintergrund weiterlaufen und die Märchenatmosphäre andauern lassen.

Collage aus Fell-, Plüsch- oder Stoffresten

Material: Fell-, Plüsch-, Stoffreste, Plakatkarton, Malstifte, Schere und Klebstoff.

Durchführung: Die Kinder zeichnen einen Bären auf den Plakatkarton und schneiden ihn aus. Diese selbstgemachte Schablone wird auf die Rückseite des Plüschstoffes gelegt, um die Umrisse abzuzeichnen. Der Bär wird aus dem Fell ausgeschnitten und auf den Karton geklebt. Der Wald, die Landschaft, in der der Bär lebt, vielleicht auch Schneeweißchen und Rosenrot, werden dazugemalt.

Medaillons aus Gips und dem „gefundenen Schatz"

Material: Wasser, Gips, Holzstäbchen zum Anrühren, Strohhalm, Schnur, Plastikteller, Glasperlen, Pailletten, Flitter, goldene und silberne Knöpfe und ähnliche Dinge.

Durchführung: Die Kinder wählen aus dem Materialangebot selbst aus und arrangieren ihr Muster zuerst auf dem Tisch. Danach rühren sie den Gips in einem Plastikteller an, streichen die Oberfläche glatt und stecken ein Stück Strohhalm an den Rand, so daß ein Loch für einen Aufhänger frei bleibt. In den noch weichen Gips drücken die Kinder nun ihre „Schätze". Nach dem Trocknen löst man vorsichtig das Medaillon aus dem Teller und bringt einen Aufhänger an.

Mooskegel

Material: Kegel aus Styropor (ersatzweise selbstgedrehte Kegel aus Pappe), Teppich-

klebeband (beidseitig klebend), getrocknetes
Moos, Golddraht.

Durchführung: Der Kegel wird mit Teppichband beklebt, hierbei muß je nach Alter der
Kinder die Erzieherin behilflich sein; die
Moospölsterchen kleben die Kinder danach
selbst an. Der Kegel wird mit Golddraht
mehrmals umwickelt. Die fertigen Kegel
werden zu einem Wald arrangiert. Dieser
läßt sich mit den verschiedensten Materialien
erweitern.

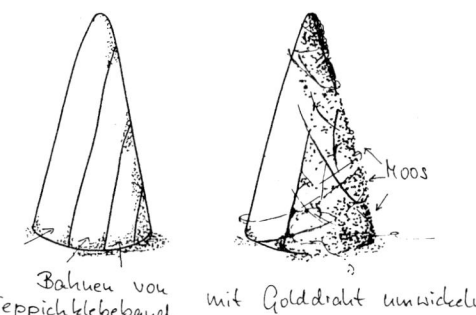

Singspiel „Spreng sie auf, die Kette"

Die Kinder gehen im Kreis. Ein Kind steht in der Mitte. Bei „Schöner Prinz" bleibt der Kreis stehen.
Das Kind in der Mitte fordert durch Winken ein Kind aus dem Kreis auf, zu ihm zu kommen. Mit diesem tanzt es bei der Wiederholung, die von allen gesungen wird.

Worte und Weise volkstümlich
(Aus: Richard Rudolf Klein; Willkommen, lieber Tag, Band 1,
© Verlag Moritz Diesterweg, Frankfurt am Main)

Bärenfest im Kindergarten

Vorbereitung: Am Vortag werden Kekse aus Mürbteig in Bärenform gebacken.

Rezept für Bärenkekse:

Zutaten: 50 g Butter, 175 g feiner Zucker, 2 Eier, 1 Päckchen Vanillezucker, 4 Eßlöffel Milch oder Rahm, 500 g Mehl, 1/2 Päckchen Backpulver, Kakao nach Belieben (je nachdem, wie dunkel die Bären werden sollen), etwas Fett und Mehl für das Blech, Bärenschablonen zum Ausschneiden der Bären oder Plätzchenausstecher in Bärenform (gibt es in Haushaltswarengeschäften in verschiedenen Größen).

Zubereitung: Schaummasse rühren aus Butter, Zucker, Vanillezucker und ganzen Eiern. Mehl mit Backpulver gesiebt sowie Kakaopulver unterrühren, bis der Teig die gewünschte Farbe hat, Milch oder Rahm zugeben und gut durchkneten. Den Teig messerdick auswellen, die Bärenkekse ausstechen und auf dem gefetteten und bemehlten Blech bei mittlerer Hitze backen. Je nach Lust und Laune können die Kinder die Kekse auch noch mit Schokoladenguß überziehen.

Durchführung: Am Festtag bringen die Kinder ihre Teddys oder Plüschbären mit in den Kindergarten. In der Kuschelecke versammeln sich alle Kinder mit ihren Bären. Sie erzählen ihre Erlebnisse, z.B. wohin überall sie ihren Bären schon mitnehmen durften. Die Erzieherin erzählt anschließend noch einmal das Märchen von Schneeweißchen und Rosenrot oder führt das nachfolgende Bärengedicht ein. Nun werden die Tische zu einer großen Tafel zusammengestellt, an der die Kinder mit ihrem Teddy Platz nehmen. Es gibt die selbstgebackenen Kekse, heiße Schokolade oder Tee mit Honig, denn Bären lieben Honig.

Gedicht: „Der große Bär"

Trabt ein großer Bär
durch den Wald daher.
Bär, hör doch mal, spitz das Ohr
und tanz' uns doch was vor!
Linksherum und rechtsherum
Bär, nein, du bist nicht dumm!
Und nun wollen wir mal sehn,
kann der Bär auch aufrecht gehn?
Vor – zurück,
welch ein Glück!
Und im Kreise rundherum,
brumm, brumm, brumm.

(Volksgut)

Fingerspiel: „Der Bär"

Ein Bär tappt langsam durch den Wald,
und weithin sein Gebrumm erschallt.

Die linke geschlossene Faust, Daumen obenauf, klopft im Takt auf den Tisch und rückt bei jedem Schlag etwas weiter.

Fünf Männer kommen hier gegangen,
sie wollen diesen Bären fangen.
> Rechte Hand hochhalten, Finger ausstrecken.

Der erste spricht: „Ich fang ihn schnell.
Wie schön ist doch sein Zottelfell!"
> Rechten Daumen zeigen.

Der zweite spricht: „O Bruder, nein!
Den Bär fang ich, der Bär ist mein!"
> Rechten Zeigefinger zeigen.

Der dritte ist so groß und lang,
er spricht: „Mir ist kein bißchen bang!
> Rechten Mittelfinger zeigen.

Ihr werdet sehn, ich fang den Bär! Als ob das
so ein Kunststück wär!"
Der vierte geht voran und spricht,
„Nein, Brüder, so geht's wirklich nicht!
> Rechten Ringfinger zeigen.

Mein ist des Bären Zottelfell!
Ich will ihn fangen auf der Stell!"
Und hier der allerkleinste Mann
fängt lustig jetzt zu lachen an:
> Rechten kleinen Finger zeigen.

„Ich hab ein Töpfchen Honigseim.
Gebt acht, ich bring den Bären heim!"
Da dreht der Bär mit viel Gebrumm
sich plötzlich nach den Männern um.
> Die linke, auf dem Tisch stehende Faust macht
> eine Drehung nach der rechten Hand.

Sie schreien laut in großem Schreck,
der Kleine wirft das Töpfchen weg.
> Rechte Finger weit auseinanderspreizen.

Sie laufen schnell zum Wald hinaus,
verstecken sich in ihrem Haus.
> Rechte Hand schnell auf den Rücken legen.

Der Bär, der leckt das Töpfchen aus
und brummt und geht vergnügt nach Haus.

> Linke stehende Faust mehrmals umlegen, wobei
> der Daumen die Tischplatte berührt, dann mit
> Klopfen auf den Tisch die Faust langsam
> wegführen.

(Aus: *„Die Unzertrennlichen – Neue Finger-spiele"* von Elfriede Pausewang, erschienen im Don Bosco Verlag, S. 12 f.)

Turnen mit Teddy

Die Kinder bringen alle ihren eigenen Bären von zuhause mit.

Einstieg: Die Kinder sitzen im Turnraum im Kreis am Boden. Jedes Kind stellt seinen Bären vor. Die üblichen Aufwärmübungen bei Turnstunden wie Laufen, Hüpfen usw. führen die Kinder mit dem Bären aus.

Ruhepause: Die Kinder liegen am Boden mit ihrem Teddy im Arm.

Hauptteil: Alle folgenden Übungen werden mehrmals mit dem Bären gemacht.

Kinder gehen aufrecht zu Trommelschlägen wie ein Bär durch den Raum.

Die Kinder werfen ihren Teddy hoch und fangen ihn.

Die Kinder liegen am Boden, legen den Bären auf ihre Unterschenkel, heben die geschlossenen Beine hoch, ohne den Teddy zu verlieren.

Der Teddy sitzt am Boden, die Kinder laufen im Kreis um ihn herum.

Der Teddy sitzt am Boden, die Kinder laufen kreuz und quer zu Trommelschlägen im Raum umher. Bei „Halt" laufen sie schnell wieder zu ihrem Bären zurück.

Die Kinder dürfen selbst etwas erfinden, wie sie mit ihrem Teddy turnen wollen.

Partnerübung: Die Kinder suchen sich einen Partner. Einer der beiden Bären darf erst einmal zusehen und sitzt am Boden. Der andere Bär wird von den Kindern hin und her geworfen und aufgefangen. Dann Wechsel, auch der am Boden sitzende Bär kommt dran.

Abschluß: Staffellauf mit Teddys.

Je nach Situation Ruhepausen einlegen oder die eine oder andere Übung weglassen.

Rosenstock pflanzen

Eventuell sogar einen weißen und einen roten Rosenbusch wie im Märchen.

Standortwahl: Sonnige Plätze, nicht völlig windstill. Lehmboden, leicht kalkhaltig, nährstoffreich, locker.

Pflanztip: Im Frühjahr oder Herbst pflanzen. Vor der Pflanzung die Rosen einige Stunden oder über Nacht ins Wasser legen. Die Pflanzlöcher in der Tiefe von eineinhalb Spatenstichen ausheben, den Aushub mit einem halben Spaten gut abgelagerter Komposterde vermischen. Die Rosenbüsche brauchen Abstand. Vor dem Pflanzen schneidet man die Wurzeln auf 15 bis 20 cm zurück. Die Schnittflächen sollen nach unten zeigen, zum Schneiden ein Messer verwenden, da Scheren Druckstellen erzeugen. Die Rosen sollen immer mit feuchten Wurzeln in die Erde gepflanzt werden; dabei auch darauf achten, daß die Wurzeln nicht

nach oben gebogen werden, sondern gerade nach unten in das Erdreich gesetzt werden. Das Loch wird mit Erde aufgefüllt, die Erde dann gut andrücken und mit reichlich Wasser begießen.

Rosenherz aus getrockneten Rosen

(siehe „Dornröschen")

Rosenkarten

Auf Passepartout-Karten getrocknete Rosenblätter kleben.

Rosen aus Tülltüchern

Material: rote (oder rosafarbene) und weiße Rhythmiktücher aus Tüll, klassische oder meditative Musik.

Durchführung: Die Kinder suchen sich entweder ein weißes oder ein rosa bzw. rotes Tuch aus, entsprechend ihrem Wunsch, Schneeweißchen oder Rosenrot spielen zu wollen. Sie halten das Tuch fest zusammengeknüllt mit beiden Händen. Langsam öffnen sie die Hände, das Tuch entfaltet sich langsam wie eine Rose. Im Hintergrund erklingt Musik. (Vorschlag: „Nocturnos" von Chopin)

Schatzsäckchen basteln

(enthält den vom Zwerg geraubten Schatz
des Bären)

Material: Stoffreste oder Filz, Locher, Schnur
oder Wollfäden für eine Kordel, Desserttel-
ler und Stift, Schere oder Zickzackschere,
Sammelsurium an „Schätzen" wie Glasperlen, alte goldene und silberne Knöpfe, Gürtelspangen, besondere Steinchen oder kleine
Halbedelsteine, überhaupt alles, was Kinder
als Schatz bezeichnen könnten.

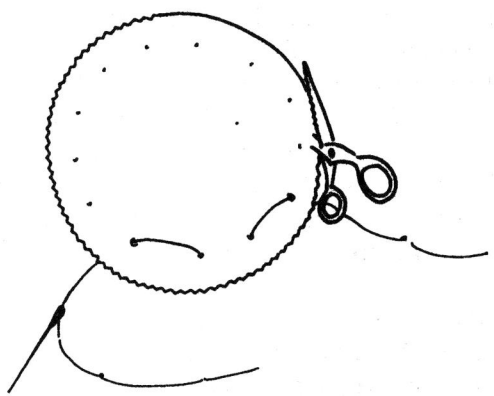

Herstellung: Die Stoffreste mit der Vordersei-
te nach unten auf den Tisch legen, Teller
umgedreht darauf legen und mit einem Stift
den Rand abzeichnen. Mit Zickzackschere
ausschneiden, an den Rand jeweils im
Abstand von ca. einem Zentimeter mit dem
Locher Löcher einstanzen, durch die dann
die Kordel oder die Schnur gezogen wird.
Das Säckchen mit den Schätzen füllen.

Lied „Durstige Blumen"

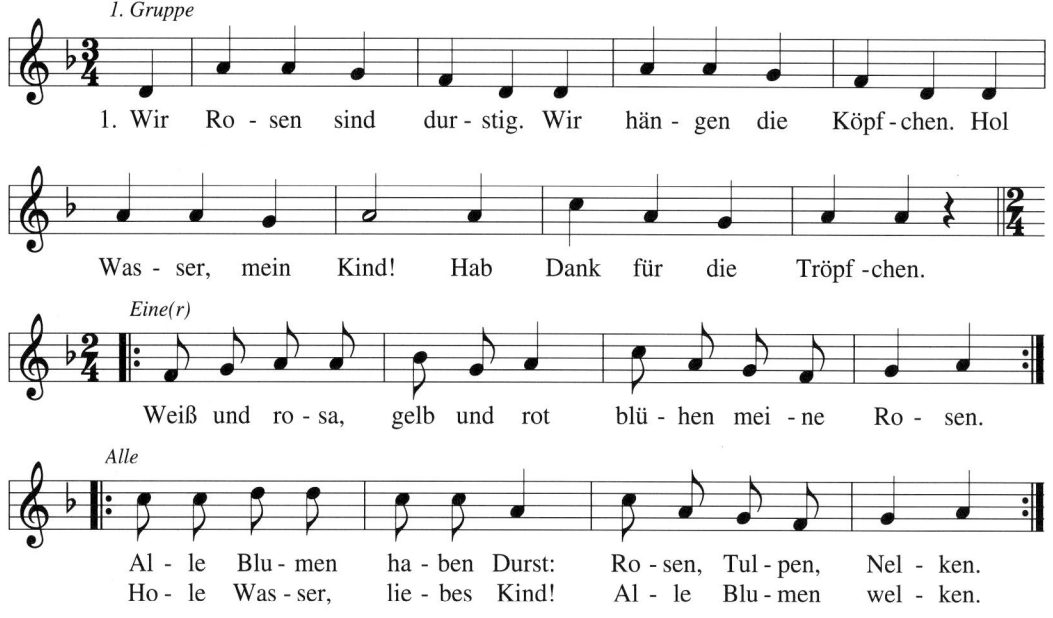

1. Gruppe

1. Wir Ro - sen sind dur - stig. Wir hän - gen die Köpf - chen. Hol

Was - ser, mein Kind! Hab Dank für die Tröpf - chen.

Eine(r)

Weiß und ro - sa, gelb und rot blü - hen mei - ne Ro - sen.

Alle

Al - le Blu - men ha - ben Durst: Ro - sen, Tul - pen, Nel - ken.
Ho - le Was - ser, lie - bes Kind! Al - le Blu - men wel - ken.

2. Gruppe: 2. Wir Tulpen sind durstig. Wir hängen die Köpfchen ...
3. Gruppe: 3. Wir Nelken sind durstig. Wir hängen die Köpfchen ...

Worte: Rudolf Schröter, Weise: Richard Rudolf Klein
(Aus: Richard Rudolf Klein; Willkommen, lieber Tag, Band 1,
© Verlag Moritz Diesterweg, Frankfurt am Main)

Das tapfere Schneiderlein

An einem Sommermorgen saß ein Schneiderlein auf seinem Tisch am Fenster, war guter Dinge und nähte aus Leibeskräften. Da kam eine Bauersfrau die Straße herab und rief: „Gut Mus feil! Gut Mus feil!" Das klang dem Schneiderlein lieblich in die Ohren, es steckte sein zartes Haupt zum Fenster hinaus und rief: „Hier herauf, liebe Frau, hier wird sie die Ware los." Die Frau stieg die drei Treppen mit ihrem schweren Korbe zu dem Schneider herauf und mußte die Töpfe sämtlich vor ihm auspacken. Er besah sie alle, hob sie in die Höhe, hielt die Nase dran und sagte endlich: „Das Mus scheint mir gut, wieg sie mir doch vier Lot ab, liebe Frau, wenn's auch ein Viertelpfund ist, kommt es mir nicht darauf an." Die Frau, welche gehofft hatte, einen guten Absatz zu finden, gab ihm, was er verlangte, ging aber ganz ärgerlich und brummig fort.

„Nun, das Mus soll mir Gott gesegnen", rief das Schneiderlein, „und soll mir Kraft und Stärke geben", holte das Brot aus dem Schrank, schnitt sich ein Stück über den ganzen Laib und strich das Mus darüber. „Das wird nicht bitter schmecken", sprach es, „aber erst will ich das Wams fertigmachen, eh ich anbeiße." Es legte das Brot neben sich, nähte weiter und machte vor Freude immer größere Stiche. Indes stieg der Geruch von dem süßen Mus hinauf an die Wand, wo die Fliegen in großer Menge saßen, so daß sie herangelockt wurden und sich scharenweise darauf niederließen. „Ei, wer hat euch eingeladen?" sprach das Schneiderlein und jagte die ungebetenen Gäste

fort. Die Fliegen aber ließen sich nicht abweisen, sondern kamen wieder. Da lief dem Schneiderlein endlich, wie man sagt, die Laus über die Leber, es langte aus seiner Höhe nach einem Tuchlappen und: „Wart, ich will es euch geben!" schlug es unbarmherzig drauf

Als es abzog und zählte, so lagen nicht weniger als sieben vor ihm tot und streckten die Beine. „Bist du so ein Kerl?" sprach es und mußte selbst seine Tapferkeit bewundern, „das soll die ganze Stadt erfahren." Und in der Hast schnitt sich das Schneiderlein einen Gürtel, nähte ihn und stickte mit großen Buchstaben darauf: „Siebene auf einen Streich!" – „Ei, was Stadt!" sprach es weiter, „die ganze Welt soll's erfahren!" Und sein Herz wackelte ihm wie ein Lämmerschwänzchen.

Der Schneider band sich den Gürtel um den Leib und wollte in die Welt hinaus, weil er meinte, die Werkstätte sei zu klein für seine Tapferkeit. Eh' er abzog, suchte er im Haus herum, ob nichts da wäre, was er mitnehmen könnte, er fand aber nichts als einen alten Käse, den steckte er ein. Vor dem Tore bemerkte er einen Vogel, der sich im Gesträuch gefangen hatte, der mußte zu dem Käse in die Tasche. Nun nahm er den Weg tapfer zwischen die Beine, und weil er leicht und behend war, fühlte er keine Müdigkeit. Der Weg führte ihn auf einen Berg, und als er den höchsten Gipfel erreicht hatte, so saß da ein gewaltiger Riese und schaute sich ganz gemächlich um. Das Schneiderlein ging beherzt auf ihn zu, redete ihn an und sprach: „Guten Tag, Kamerad, gelt, du sitzest da und besiehst dir die weitläufige Welt? Ich bin eben auf dem Wege dahin und will mich versuchen. Hast du Lust mitzugehen?" Der Riese sah den Schneider verächtlich an und sprach: „Du Lump! Du miserabler Kerl!"

„Das wäre!" antwortete das Schneiderlein, knöpfte den Rock auf und zeigte dem Riesen den Gürtel, „da kannst du lesen, was ich für ein Mann bin." Der Riese las: „Siebene auf einen Streich", meinte, das wären Menschen gewesen, die der Schneider erschlagen hätte, und kriegte ein wenig Respekt vor dem kleinen Kerl. Doch wollte er ihn erst prüfen, nahm einen Stein in die Hand und drückte ihn zusammen, daß das Wasser heraustropfte.

„Das mach mir nach", sprach der Riese, „wenn du Stärke hast." – „Ist's weiter nichts?" sagte das Schneiderlein, „das ist bei unsereinem Spielwerk", griff in die Tasche, holte den weichen Käse und drückte ihn, daß der Saft herauslief. „Gelt", sprach er, „das war ein wenig besser?" Der Riese wußte nicht, was er sagen sollte, und konnte es von dem Männlein nicht glauben. Da hob der Riese einen Stein auf und warf ihn so hoch, daß man ihn mit Augen kaum noch sehen konnte: „Nun, du Erpelmännchen, das tu mir nach."

„Gut geworfen" sagte der Schneider, „aber der Stein hat doch wieder zur Erde herabfallen müssen; ich will dir einen werfen, der soll gar nicht wiederkommen", griff in die Tasche, nahm den Vogel und warf ihn in die Luft. Der Vogel, froh über seine Freiheit, stieg auf, flog fort und kam nicht wieder.

„Wie gefällt dir das Stückchen, Kamerad?" fragte der Schneider. „Werfen kannst du wohl", sagte der Riese, „aber nun wollen wir sehen, ob du imstande bist, etwas Ordentliches zu tragen." Er führte das Schneiderlein zu einem mächtigen Eichbaum, der da gefällt auf dem Boden lag, und sagte: „Wenn du stark genug bist, so hilf mir den Baum tragen." – „Gerne", antwortete der kleine Mann, „nimm du nur den Stamm, ich will die Äste mit dem Gezweig aufheben und tragen, das ist doch das Schwerste." Der Riese nahm den Stamm auf die Schulter, der Schneider aber setzte sich auf einen Ast, und der Riese, der sich nicht umsehen konnte, mußte den ganzen Baum und das Schneiderlein noch obendrein forttragen. Es war da hinten ganz lustig und guter Dinge, pfiff das Liedchen: „Es ritten drei Schneider zum Tore hinaus", als wäre das Baumtragen ein Kinderspiel. Der Riese, nachdem er ein Stück Wegs die schwere Last fortgeschleppt hatte, konnte nicht weiter und rief: „Hör, ich muß den Baum fallen lassen." Der Schneider sprang herab, faßte den Baum mit beiden Armen, als wenn er ihn getragen hätte, und sprach zum Riesen: „Du bist ein so großer Kerl und kannst den Baum nicht einmal tragen."

Sie gingen zusammen weiter, und als sie an einem Kirschbaum vorbeikamen, faßte der Riese die Krone des Baumes, wo die zeitigsten Früchte hingen, bog sie herab, gab sie dem Schneider in die Hand und hieß ihn essen. Das Schneiderlein aber war viel zu schwach, um den Baum zu halten, und als der Riese losließ, fuhr der Baum in die Höhe, und der Schneider ward mit in die Luft geschnellt. Als er wieder ohne Schaden herabgefallen war, sprach der Riese: „Was ist das, hast du

nicht Kraft, die schwache Gerte zu halten?" –
„An der Kraft fehlt es nicht," antwortete das
Schneiderlein, *„meinst du, das wäre etwas für
einen, der siebene mit einem Streich getroffen hat?
Ich bin über den Baum gesprungen, weil die Jäger
da unten in das Gebüsch schießen. Spring nach,
wenn du's vermagst. "* Der Riese machte den Versuch, konnte aber nicht über den Baum kommen,
sondern blieb in den Ästen hängen.

Der Riese sprach: *„Wenn du so ein tapferer Kerl
bist, so komm mit in unsere Höhle und übernachte
bei uns. "* Als sie in der Höhle anlangten, saßen da
noch andere Riesen beim Feuer, und jeder hatte
ein gebratenes Schaf in der Hand und aß davon.
Das Schneiderlein sah sich um und dachte: *„Es
ist doch hier viel weitläufiger als in meiner Werk-
statt. "* Der Riese wies ihm ein Bett an und sagte,
er sollte sich hineinlegen und ausschlafen. Dem
Schneiderlein war aber das Bett zu groß; es legte
sich nicht hinein, sondern kroch in eine Ecke.

Als es Mitternacht war und der Riese meinte, das
Schneiderlein läge in tiefem Schlafe, so stand er
auf, nahm eine große Eisenstange und schlug das
Bett mit einem Schlag durch und meinte, er hätte
dem Grashüpfer den Garaus gemacht. Mit dem
frühsten Morgen gingen die Riesen in den Wald
und hatten das Schneiderlein ganz vergessen; da
kam es auf einmal ganz lustig und verwegen
dahergeschritten. Die Riesen erschraken und liefen in Hast fort.

Das Schneiderlein zog weiter, immer seiner spitzen Nase nach. Nachdem es lange gewandert war,
kam es in den Hof eines königlichen Palastes, und
da es Müdigkeit empfand, so legte es sich ins Gras
und schlief ein. Während es da lag, kamen die
Leute, betrachteten es von allen Seiten und lasen
auf dem Gürtel: Siebene auf einen Streich.
„Ach", sprachen sie, *„was will der große Kriegsheld hier mitten im Frieden? Das muß ein mäch-
tiger Herr sein. "* Sie gingen und meldeten es dem
König und meinten, wenn Krieg ausbrechen sollte, wäre das ein wichtiger und nützlicher Mann,
den man um keinen Preis fortlassen dürfte. Dem
König gefiel der Rat, und er schickte einen von seinen Hofleuten an das Schneiderlein ab, der sollte
ihm, wenn es aufgewacht wäre, Kriegsdienste
anbieten. Der Abgesandte blieb bei dem Schläfer
stehen, wartete, bis er seine Glieder streckte und
die Augen aufschlug, und brachte dann seinen
Antrag vor. *„Ebendeshalb bin ich hierhergekom-
men",* antwortete er, *„ich bin bereit, in des
Königs Dienste zu treten. "* Also ward er ehren-
voll empfangen und ihm eine besondere Wohnung
angewiesen.

Die Kriegsleute aber waren dem Schneiderlein
unhold und wünschten, es wäre tausend Meilen
weit weg. *„Was soll daraus werden?"* sprachen sie
untereinander, *„wenn wir Zank mit ihm kriegen,
und er haut zu, so fallen auf jeden Streich siebene.
Da kann unsereiner nicht bestehen. "* Also faßten
sie einen Entschluß, begaben sich allesamt zum
König und baten um ihren Abschied. *„Wir sind
nicht gemacht",* sprachen sie, *„neben einem
Mann auszuhalten, der siebene auf einen Streich
schlägt. "*

Der König war traurig, daß er um des einen willen
alle seine treuen Diener verlieren sollte, und wäre
ihn gerne wieder los gewesen. Aber er getraute sich
nicht, ihm den Abschied zu geben, weil er fürch-
tete, er möchte ihn samt seinem Volke totschlagen

und sich auf den königlichen Thron setzen. Er sann lange hin und her; endlich fand er einen Rat. Er schickte zu dem Schneiderlein und ließ ihm sagen, weil es ein so großer Kriegsheld wäre, so wollte er ihm ein Anerbieten machen. In einem Walde seines Landes hausten zwei Riesen, die mit Rauben, Morden, Sengen und Brennen großen Schaden stifteten; niemand dürfte sich ihnen nahen, ohne sich in Lebensgefahr zu setzen. Wenn er diese beiden Riesen überwände und tötete, so wollte er ihm seine einzige Tochter zur Gemahlin geben und das halbe Königreich zur Ehesteuer; auch sollten hundert Reiter hinziehen und ihm Beistand leisten.

„Das wäre so etwas für einen Mann, wie du bist", dachte das Schneiderlein, „eine schöne Königstochter und ein halbes Königreich wird einem nicht alle Tage angeboten." – „O ja", gab er zur Antwort, „die Riesen will ich schon bändigen und habe die hundert Reiter dabei nicht nötig, wer siebene auf einen Streich trifft, fürchtet sich nicht vor zweien."

Das Schneiderlein zog aus, und die hundert Reiter folgten ihm. Als es zu dem Rand des Waldes kam, sprach es zu seinen Begleitern: „Bleibt hier nur halten, ich will schon allein mit den Riesen fertig werden." Dann sprang es in den Wald hinein und schaute sich rechts und links um. Über ein Weilchen erblickte es beide Riesen, sie lagen unter einem Baume und schliefen und schnarchten dabei, daß sich die Äste auf und nieder bogen. Das Schneiderlein, nicht faul, las beide Taschen voll Steine und stieg damit auf den Baum. Als es in der Mitte war, rutschte es auf einen Ast, bis es gerade über die Schläfer zu sitzen kam, und ließ

dem einen Riesen einen Stein nach dem andern auf die Brust fallen.

Der Riese spürte lange nichts, doch endlich wachte er auf, stieß seinen Gesellen an und sprach: „Was schlägst du mich?" – „Du träumst", sagte der andere, „ich schlage dich nicht." Sie legten sich wieder zum Schlaf, da warf der Schneider auf den zweiten einen Stein herab. „Was soll das?" rief der andere, „warum wirfst du mich?" – „Ich werfe dich nicht" antwortete der erste und brummte. Sie zankten sich eine Weile herum, doch weil sie müde waren, ließen sie's gut sein, und die Augen fielen ihnen wieder zu. Das Schneiderlein fing sein Spiel von neuem an, suchte den dicksten Stein aus und warf ihn dem ersten Riesen mit aller Gewalt auf die Brust. „Das ist zu arg!" schrie er, sprang wie ein Unsinniger auf und stieß seinen Gesellen wider den Baum, daß dieser zitterte. Der andere zahlte mit gleicher Münze, und sie gerieten in solche Wut, daß sie Bäume ausrissen, aufeinander losschlugen, so lang, bis sie endlich beide zugleich tot auf die Erde fielen.

Nun sprang das Schneiderlein herab. „Ein Glück nur", sprach es, „daß sie den Baum, auf dem ich saß, nicht ausgerissen haben, sonst hätte ich wie ein Eichhörnchen auf einen andern springen müssen!" Es zog sein Schwert und versetzte jedem ein paar tüchtige Hiebe in die Brust; dann ging es hinaus zu den Reitern und sprach: „Die Arbeit ist getan, ich habe beiden den Garaus gemacht. Aber hart ist es hergegangen, sie haben in der Not Bäume ausgerissen und sich gewehrt, doch das hilft alles nichts, wenn einer kommt wie ich." – „Seid Ihr denn nicht verwundet?" fragten die Reiter. „Das hat gute Wege", ant-

wortete der Schneider, „kein Haar haben sie mir gekrümmt."

Das Schneiderlein verlangte von dem König die versprochene Belohnung; den aber reute sein Versprechen, und er sann aufs neue, wie er sich den Helden vom Halse schaffen könnte. „Ehe du meine Tochter und das halbe Reich erhältst", sprach er zu ihm, „mußt du noch eine Heldentat vollbringen. In dem Walde läuft ein Einhorn, das großen Schaden anrichtet, das mußt du erst einfangen." – „Vor einem Einhorne fürchte ich mich noch weniger als vor zwei Riesen; siebene auf einen Streich, das ist meine Sache." Es nahm sich einen Strick und eine Axt mit, ging hinaus in den Wald und hieß abermals die, welche ihm zugeordnet waren, außen warten.

Es brauchte nicht lange zu suchen, das Einhorn kam bald daher und sprang geradezu auf den Schneider los, als wollte es ihn ohne Umstände aufspießen. „Sachte, sachte", sprach er, „so geschwind geht das nicht", blieb stehen und wartete, bis das Tier ganz nahe war, dann sprang er behendiglich hinter den Baum. Das Einhorn rannte mit aller Kraft gegen den Baum und spießte sein Horn so fest in den Stamm, daß es nicht Kraft genug hatte, es wieder herauszuziehen, und so war es gefangen. „Jetzt hab ich das Vöglein", sagte der Schneider, kam hinter dem Baum hervor, legte dem Einhorn den Strick erst um den Hals, dann hieb er mit der Axt das Horn aus dem Baum, und als alles in Ordnung war, führte er das Tier ab und brachte es dem König.

Der König wollte ihm den verheißenen Lohn noch nicht gewähren und machte eine dritte Forderung. Der Schneider sollte ihm vor der Hochzeit erst ein Wildschwein fangen, das in dem Wald großen Schaden tat; die Jäger sollten ihm Beistand leisten. „Gerne", sprach der Schneider, „das ist ein Kinderspiel." Die Jäger nahm er nicht mit in den Wald, und sie waren's wohl zufrieden; denn das Wildschwein hatte sie schon mehrmals so empfangen, daß sie keine Lust hatten, ihm nachzustellen. Als das Schwein den Schneider erblickte, lief es mit schäumendem Munde und wetzenden Zähnen auf ihn zu und wollte ihn zur Erde werfen. Der flüchtige Held aber sprang in eine Kapelle, die in der Nähe war, und gleich oben zum Fenster in einem Satze wieder hinaus. Das Schwein war hinter ihm hergelaufen, er aber hüpfte außen herum und schlug die Tür hinter ihm zu; da war das wütende Tier gefangen, das viel zu schwer und unbehilflich war, um zum Fenster hinauszuspringen. Das Schneiderlein rief die Jäger herbei, die mußten den Gefangenen mit eigenen Augen sehen. Der Held aber begab sich zum Könige, der nun sein Versprechen halten mußte, ihm seine Tochter und das halbe Königreich übergab.

Nach einiger Zeit hörte die junge Königin in der Nacht, wie ihr Gemahl im Traume sprach: „Junge, mach mir das Wams und flick mir die Hosen, oder ich will dir die Elle über die Ohren schlagen." Da merkte sie, in welcher Gasse der junge Herr geboren war, klagte ihrem Vater ihr Leid und bat, er möchte ihr von dem Manne abhelfen, der nichts anderes als ein Schneider wäre. Der König sprach ihr Trost zu und sagte: „Laß in der nächsten Nacht deine Schlafkammer offen; meine Diener sollen außen stehen und, wenn er eingeschlafen ist, hineingehen, ihn binden und auf ein Schiff tragen, das ihn in die weite Welt führt."

Die Frau war damit zufrieden, des Königs Waf-
fenträger aber, der alles mitangehört hatte, war
dem jungen Herrn gewogen und hinterbrachte ihm
den ganzen Anschlag. „Dem Ding will ich einen
Riegel vorschieben", sagte das Schneiderlein.
Abends legte es sich zu gewöhnlicher Zeit mit sei-
ner Frau zu Bett. Als sie glaubte, es sei einge-
schlafen, stand sie auf, öffnete die Tür und legte
sich wieder. Das Schneiderlein, das sich nur stell-
te, als wenn es schlief, fing an, mit heller Stimme
zu rufen: „Junge, mach mir das Wams und flick
mir die Hosen, oder ich will dir die Elle über die
Ohren schlagen! Ich habe siebene mit einem
Streich getroffen, zwei Riesen getötet, ein Ein-
horn fortgeführt und ein Wildschwein gefangen
und sollte mich vor denen fürchten, die draußen
vor der Kammer stehen?" Als diese den Schneider
also sprechen hörten, überkam sie eine große
Furcht; sie liefen voller Angst davon, und also war
und blieb das Schneiderlein sein Lebtag ein
König.

Symbolik und Interpretation des Märchens

Die Symbolik des Märchens zeigt die Auseinandersetzung mit den Eltern als fordern-
den oder übermächtigen Riesenfiguren, also
mit der Welt der Erwachsenen, in der es um
Leistung und Anerkennung (statt Liebe?)
geht. Dem Schneiderlein werden immer
wieder neue Aufgaben gestellt, weil es in der
Welt des Königs nicht voll akzeptiert wird.
Genauso fühlen sich oft auch die Kinder in
der Welt der Erwachsenen nicht richtig aner-
kannt. Diese Unterlegenheitsgefühle können im Bewußtsein körperlicher oder seelischer Mängel begründet sein oder durch die
Umwelt im Kind hervorgerufen werden,
wenn es in wichtigen Aspekten seiner selbst
abgelehnt wird.

Einziger Ausweg für das Kind ist dann, über
diese Erfahrung elterlicher Ablehnung oder
Macht mit verborgenen, magischen Mitteln
zu triumphieren, weil die normal zur Verfügung stehenden Kräfte nicht ausreichen.
Die gefährlichen Riesen und die ständig
wachsenden Forderungen des Königs symbolisieren im Märchen eine Welt voller
Gefahren und Hindernisse. Das Kind findet
sich in dieser Welt des Männlichen, wo es
um Erfolg, Leistung und Produktion geht,
nicht zurecht und muß deshalb zu Tricks
greifen. Eigentlich ist damit auch das Thema
fehlender Liebe dargestellt. Wäre genug Liebe da, würde die vielleicht real vorhandene
Schwäche dem Kind gar nicht so bewußt, ein
Versagen nicht so hoch bewertet werden.
Die Thematik der ödipalen Phase kann die
Situation noch schwieriger machen. Der
Zugang zur Mutter und die Identifizierung
mit dem Vater als Lösung des Ödipuskom-
plexes wird erschwert, wenn der Vater seinen
Jungen nicht hochkommen läßt, immer wieder neue unerfüllbare Leistungsforderungen
stellt. So weicht das Schneiderlein, der kleine
Junge, dann in das Reich der Phantasie aus,
wo er unbegrenzte Fähigkeiten besitzt, mit
denen er schließlich doch noch als der Stär-

kere und Schlauere die Prinzessin erobern kann.

Für Kinder, die in einer solch problematischen Kindheitssituation leben, kann das Märchen vorübergehend eine Hilfe sein, sich mit den vorgestellten oder tatsächlichen besonderen Fähigkeiten relativ sicher und akzeptiert zu fühlen. Auf lange Sicht gesehen kann sich daraus aber keine Beziehungsfähigkeit entwickeln, die auf Liebe und gegenseitiges Annehmen gegründet ist. Auch im Märchen ist der Schneider mit seinen angeblich ungewöhnlichen Fähigkeiten als Ehemann der Prinzessin nicht so ganz geheuer. Ein Kind oder Erwachsener mit diesem Problem hat etwa folgende *Skriptbotschaft* in sich: „Mit mir ist nicht viel los, als Aufschneider kann ich aber überleben. Ich bin pfiffig und werde mich mit Tricks in einer finsteren Welt übermächtiger Riesen durchsetzen." Ein *Lösungssatz* für das „tapfere Schneiderlein" könnte sein: „Ich lege meinen Gürtel ab und bin ich selbst. Dann brauche ich nicht durch Manipulation in der finsteren Welt Sieger bleiben." Will man wirklich beziehungsfähig werden, müßte man an der Stelle weitermachen, wo das Märchen aufhört: Wenn ich bin wie ich bin, ohne mich erst durch ungewöhnliche Fähigkeiten beweisen zu müssen, habe ich die besten Voraussetzungen, zu lieben und geliebt zu werden.

Vertiefungsfragen

„Wolltest du auch schon einmal in die weite Welt hinausziehen, so wie das tapfere Schneiderlein?" – „Hast du es schon einmal erlebt, daß die anderen viel stärker waren und du doch Sieger oder schlauer gewesen bist?" – „Bist du schon einmal einem Wildschwein begegnet, und wo? Einem Einhorn? Weißt du, wie das aussieht? Gibt es so ein Einhorn wirklich?" – „Glaubst du, daß es heute noch Riesen gibt?" – „Warst du auch einmal schon so stark wie das tapfere Schneiderlein?" – „Jetzt mal ehrlich! Wann habt ihr auch schon einmal so toll aufgeschnitten wie das tapfere Schneiderlein?" – „Hast du schon einmal eine ganz schwierige Aufgabe bekommen, wo du erst nicht gedacht hast, daß du sie fertigbringst?"

Vertiefungsmöglichkeiten – Ideensammlung

Malen, Rollenspiel, Pflaumenmus zubereiten und auf Butterbroten essen, Zaubertrick, plastilinähnliche Knetmasse herstellen, um Riesen zu modellieren, Märchenpuzzle selbst herstellen, Tastweg und Waldcollage, Waldhaus, Naturhaus anpflanzen, Singspiel, einen Super-Gürtel machen, „Schloß" aus Pappkartons bauen (siehe Foto nächste Seite).

Praktische Beispiele

Super-Gürtel machen

Material: alte Gürtel, Lochzange, Klebeetiketten, Filzstifte.

Durchführung: Die Kinder bringen von zuhause ausgediente Gürtel mit. Der Gürtel wird soweit gekürzt, daß er dem Kind paßt; danach werden die fehlenden Löcher eingestanzt. Die Kinder bemalen mehrere Klebeetiketten mit Bildsymbolen, die ihre größten Fähigkeiten darstellen, ältere Kinder schreiben noch die passenden Wörter dazu. Die Etiketten werden zum Abschluß auf den Gürtel geklebt.

Tastweg

Material: Zweige mit Blättern, Nadelzweige, Reisig, Steine, Kies, Moos, Folie; Gürtel und Hut des tapferen Schneiderleins, Tuch zum Augenverbinden, Papiertaschentücher unter die Augenbinde.

Durchführung: Wenn möglich, sollte das Material mit den Kindern gesammelt werden. Um einen intensiveren Bezug zum Märchen herzustellen, beschreiben die Kinder dabei den Weg des Schneiderleins durch den Wald. Das gesammelte Naturmaterial wird befühlt, es wird besprochen, wie es sich anfühlt, benannt, und es darf daran gerochen werden.

„Schloß" aus Kartons

Mit den Kindern wird eine Folie auf dem Boden ausgebreitet und ein etwa 40 bis 50 cm breiter Waldweg gelegt. Allerdings schön der Reihe nach, vielleicht erst die Äste mit Blättern, danach das Moos und so fort. Reihum dürfen die Kinder Schuhe und eventuell auch die Strümpfe ausziehen, den Gürtel des tapferen Schneiderleins anlegen und den Hut aufsetzen. Die Augen werden verbunden, denn das Schneiderlein geht durch den dunklen Wald. Das Kind geht nun über den gelegten Weg, beschreibt seine Gefühle und nennt die Naturmaterialien, auf denen es steht oder geht. Unsichere Kinder werden von einem Freund oder der Erzieherin geführt.

Pflaumenmus

Diese Zubereitungsweise ist besonders geeignet für Kinder, da im Backrohr eingekocht wird und nicht auf der Herdplatte. Das Kochen auf der Herdplatte hat hier den Nachteil, daß das Mus sehr stark blubbert und über den Rand spritzt, die Kinder aber beim Einkochen auf dem Herd doch selbst ständig umrühren möchten.

Zutaten: 5 kg vollreife Pflaumen, 1/2 kg Zucker (es ist auch brauner geeignet), 1/4 TL Nelkenpulver, 1 TL Zimt, 1 TL Zitronenschale (fertig aus der Packung oder die Schale einer abgeriebenen, unbehandelten Zitrone). Die Rezeptmenge reicht für ca. 4 Marmeladengläser.

Zubereitung: Pflaumen waschen und entsteinen, kleinschneiden und danach mixen oder pürieren. Gewürze und Zucker untermischen, Mus in eine Auflaufform geben und bei 180 Grad im Backrohr einschmoren lassen. In die Backofentüre ein Hölzchen oder einen Holzkochlöffel einklemmen, so daß die Türe leicht geöffnet bleibt. Von Zeit zu Zeit das Mus umrühren. Dauer ca. 2 Stunden.

Die Kinder essen das Mus bestimmt gerne warm. Den Rest noch heiß in Marmeladengläser füllen und sofort verschrauben. Das abgefüllte Mus kann zu einer späteren Brotzeit (oder wenn die Hochzeit des tapferen Schneiderleins mit der Prinzessin im Kindergarten gefeiert wird) auf Butterbrote gestrichen und gegessen werden.

Puzzle

Material: ein von den Kindern selbstgemaltes Bild zum Märchen, selbstklebende Klarsichtfolie, Lineal, Kreide und Schere.

Durchführung: Nachdem die Kinder eine Szene aus dem Märchen gemalt haben und das Bild getrocknet ist, wird es von beiden Seiten mit Klarsichtfolie bezogen, dies verleiht Stabilität. Mit Kreide malt man nun kreuz und quer Linien auf das Bild. Den Linien entsprechend zerschneiden die Kinder das Bild, das Puzzle ist fertig.

Zaubertrick

Aus einem Stein Wasser pressen wie das tapfere Schneiderlein.

Material: ein Stein etwa in Hühnereigröße, ein kleines mit Wasser getränktes Schwämmchen, verborgen hinter einem anderen Gegenstand auf dem Tisch liegend. Die Zuschauer sollten einen gewissen Abstand zum Vorführplatz haben und das Schwämmchen nicht sehen können!

Vorführung: Der kleine Magier erklärt, daß er die Fähigkeiten des tapferen Schneiderleins besitzt und aus einem Stein Wasser herauspressen kann. Erst wird der Stein ins Publikum zum Untersuchen gegeben. Dann zeigt der Zauberer beide Hände ganz leer vor, nimmt den Stein mit der linken Hand vom Publikum zurück und hält ihn hoch. Während alle Zuschauer auf den Stein sehen, nimmt man das wassergetränkte Schwämmchen unbemerkt in die rechte Hand. (Vorsicht, das Schwämmchen nur ganz leicht halten, damit es nicht vorzeitig tropft!) Die linke Hand gibt den Stein nun in die rechte, zum Schwämmchen dazu. Nun braucht man nur noch scheinbar den Stein zu pressen und schon fließt das Wasser heraus, zum „Beweis" am besten in ein kleines Glas. Das ausgedrückte Schwämmchen läßt man unauffällig am Ende verschwinden, wieder hinter einem auf dem Tisch liegenden Gegenstand oder mit einer Körperdrehung in die Hosen-tasche. So erleichtert kann man die Hände erneut leer zeigen und den Stein sogar noch einmal aus der Hand geben. Vor der eigentlichen Vorführung mehrmals gut vor einem Spiegel oder mit einer vertrauten Person als Zuschauer üben!

Riesen modellieren

Rezept für die plastilinähnliche Knetmasse

Zutaten: 400 g Mehl, 200 g Salz, 10 g wasserlösliches Alaun-Pulver (gibt es in der Apotheke), 3 Eßlöffel Öl, 1/2 Liter Wasser, Lebensmittelfarben.

Zubereitung: Die Kinder wiegen die Zutaten selbst ab und mischen Alaun mit Mehl und Salz. Das Wasser zum Kochen bringen, Öl und Farbe unterrühren. Die Flüssigkeit mit den festen Zutaten vorsichtig verrühren, bis die Masse lauwarm ist und durchgeknetet werden kann. Falls die Knete zu wenig geschmeidig ist, weitere Öltropfen einarbeiten. In Frischhaltedosen oder Alufolie farblich getrennt aufbewahren.

Waldcollage

siehe bei „Wo die wilden Kerle wohnen".

Waldhaus oder Naturhaus bauen

... und vielleicht auch bepflanzen. Im Haus werden Märchen erzählt ...

Material: Äste, Zweige, Reisig, Kunststoffbast, Schaufel, Säge, Baumschere, großer Hammer.

Durchführung: Eltern sind zur Mitarbeit erwünscht. Die Umrisse des gewünschten Hauses werden markiert. Die großen Äste werden ungefähr 40 cm tief in der Erde verankert und zwar so, daß sie oben zusammengebunden werden können (ähnlich einem Wigwam). Kleinere Äste werden als Querverstrebungen angebunden. In die Zwischenräume werden wiederum Zweige gesteckt und festgebunden, je nachdem, wie

dicht das Haus werden soll. Damit es schön dicht wird, kann man es auch mit Grünpflanzen umwuchern lassen. Geeignet hierzu sind: Bohnen, Erbsen, Knöterich, Kapuzinerkresse, Geißblatt, also alle möglichen Schlingpflanzen, die schnell wachsen.

Singspiel „Hochzeit"

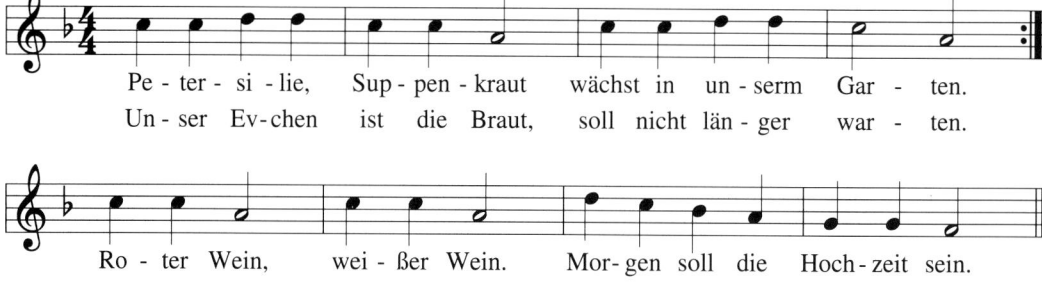

Pe - ter - si - lie,   Sup - pen - kraut   wächst in un - serm   Gar - ten.
Un - ser Ev - chen   ist   die Braut,   soll nicht län - ger   war - ten.

Ro - ter Wein,   wei - ßer Wein.   Mor- gen soll   die   Hoch - zeit sein.

Oh, oh,   oh,   nun sind wir al - le froh!   froh!

Die Kinder gehen singend im Kreis. In der Mitte steht der Bräutigam. Am Ende des Liedes geht Evchen zu ihm und beide tanzen. Dazu klatschen die Kreiskinder und singen.

Worte und Weise volkstümlich
(Aus: Richard Rudolf Klein; Willkommen, lieber Tag, Band 1,
© Verlag Moritz Diesterweg, Frankfurt am Main)

Wo die wilden Kerle wohnen

von Maurice Sendak

An dem Abend als Max seinen Wolfspelz trug und nur Unfug im Kopf hatte, schalt seine Mutter ihn: „Wilder Kerl!" – „Ich freß dich auf", sagte Max, und da mußte er ohne Essen ins Bett. Genau in der Nacht wuchs ein Wald in seinem Zimmer – der wuchs und wuchs, bis die Decke voll Laub hing und die Wände so weit wie die ganze Welt waren. Und plötzlich war da ein Meer mit einem Schiff, nur für Max, und er segelte davon, Tag und Nacht und wochenlang und fast ein ganzes Jahr bis zu dem Ort, wo die wilden Kerle wohnen. Und als er dort ankam, wo die wilden Kerle wohnen, brüllten sie ihr fürchterliches Brüllen und fletschten ihre fürchterlichen Zähne und rollten ihre fürchterlichen Augen und zeigten ihre fürchterlichen Krallen, bis Max sagte: „Seid still!" und sie zähmte mit seinem Zaubertrick: er starrte in alle ihre gelben Augen, ohne ein einziges Mal zu zwinkern.

Da bekamen sie Angst und nannten ihn den wildesten Kerl von allen und machten ihn zum König aller wilden Kerle. „Und jetzt", rief Max, „machen wir Krach!" – „Schluß jetzt!" rief Max und schickte die wilden Kerle ohne Essen ins Bett. Und Max, der König aller wilden Kerle, war einsam und wollte dort sein, wo ihn jemand am allerliebsten hatte. Da roch es auf einmal um ihn herum nach gutem Essen, und das kam von weither quer durch die Welt. Da wollte er nicht mehr König sein, wo die wilden Kerle wohnen. Aber die wilden Kerle schrien: „Geh bitte nicht fort – wir fressen dich auf – wir haben dich so gern!" Und Max sagte: „Nein!" Die wilden Kerle brüllten ihr fürchterliches Brüllen und fletschten ihre fürchterlichen Zähne und rollten ihre fürchterlichen Augen und zeigten ihre fürchterlichen Krallen. Aber Max stieg in sein Schiff und winkte zum Abschied. Und er segelte zurück, fast ein ganzes Jahr und viele Wochen lang und noch einen Tag bis in sein Zimmer, wo es Nacht war und das Essen auf ihn wartete, und es war noch warm.

Symbolik und Interpretation des Märchens

Das Märchen beschreibt in psychoanalytischer Sicht die Dynamik der Trotzphase, in der es um die Ablösung von der Welt der Geborgenheit und Versorgung durch die Mutter und die Hinwendung zur männlichen Welt der Aggression und Durchsetzung geht. Es zeigt die Versuche auf, dieses Neuland zu erobern, aber auch die Rückzugstendenzen hin zur Mutterwelt. Der Wolfspelz als Maske, hinter der man sich verstecken kann, verleiht absolute Sicherheit für den Ausdruck der eigenen, bislang versteckt gehaltenen Gefühle, man ist ja nun ein anderer, ein Wolf, der von Natur aus wild und gefährlich sein darf. Innen aber bleibt noch das Kindhafte, die Angst, das Streben nach Harmonie und nach der Liebe der Mutter, sonst bräuchte es ja die Maske zur Tarnung nicht.

Am Beginn freilich steht das Erlebnis der Machtlosigkeit vor der Mutter: Obwohl Max protestiert, muß er früh ins Bett. Da bauen sich gewaltige Aggressionen auf, so stark, daß sich Max im Traum ganz weit weg wünschen muß, um seine Vergeltungswünsche ohne Angst ausleben zu können. Der Wald wird so groß wie die weite Welt, und dann muß er noch ganz weit und ganz lange Zeit über das Meer fahren. In sicherem Abstand von zu Hause erst stößt Max auf seine Aggressivität in Gestalt der wilden Kerle, die allerdings so wild sind, daß er selber Angst davor bekommt. Jetzt kommt der entscheidende Punkt des Märchens: Max stellt sich, er hat den Mut, der Aggression mit eigener Stärke zu begegnen. Er wird so wie die wilden Kerle und zeigt selber seine fürchterlichen Augen, bannt sie mit seinem Blick, wird sogar ihr König, das heißt, er hat seine eigene Wildheit in den Griff bekommen.

Jetzt erst kann das wahre Fluchtmotiv von Max sich so richtig zeigen: Er hat nicht ausgehalten, daß er folgen mußte, daß die Mutter mehr Macht hat als er selber. So spielt Max zum Ausgleich den wilden Kerlen gegenüber die Rolle der Mutter, sagt ihnen, was zu tun ist: Anders als die Mutter zu Hause läßt er es zu, daß die wilden Kerle Krach machen dürfen, er ist ja selbst damit zu kurz gekommen. Danach aber wird auch er ein bißchen „er-

wachsen", bestimmt selber, wann Schluß ist mit der Krachmacherei, und schickt die wilden Kerle ins Bett.

Durch diese Identifizierungsprozesse wird die Aggression gezähmt und ungefährlicher. Als dieses Ziel (des Unbewußten) erreicht ist, melden sich die immer noch lebendigen Wünsche nach Nähe und Zuwendung, die ja auch ihre Berechtigung haben, und die Max nun *nach* seiner Mutprobe auch zugeben kann.

Max fühlt sich dann so einsam ohne die wilden Kerle, wie die Mutter ohne ihn einsam ist. Er riecht von ganz weit her den Duft des Essens von daheim, sehnt sich plötzlich nach der ursprünglichen Geborgenheit zurück. Die wilden Kerle werden deshalb sanfter, sie zeigen Gefühle und den Wunsch nach Nähe, weil sie Max nicht gehen lassen wollen. Sie wollen ihn immer noch fressen, aber das Gefressenwerden ist nicht mehr so schrecklich, man kann jemanden ja auch „zum Fressen gern haben". Verschlingenwollen drückt dann einfach den Wunsch nach Einssein und Nähe ohne eine wirkliche Bedrohung aus. Deshalb haben die schrecklichen Versuche der wilden Kerle, Max doch noch zu halten, keine Kraft mehr. Max kann in sein Schiff steigen, das ihn vor dem Wasser, der Übermacht des Unbewußten, schützt und den ganzen weiten Weg wieder zurücksegeln. Er hat gelernt: In der Welt der Erwachsenen kann man bestehen, indem man einiges von ihnen übernimmt oder indem man selber mutig und stark wird und sich so besser gegen sie behaupten kann. Und bei all diesem Probehandeln hat man immer noch die Sicherheit, in die liebende Geborgenheit des Elternhauses zurückkehren zu können, die verständnisvolle Mutter nimmt diesen Ausflug nicht übel. Denn das Essen ist ja noch warm, als Max zurückkommt!

Vertiefungsfragen

„Wie hast du dich schon einmal verkleidet, als du ganz wild sein wolltest?" – „Wo wärst du an Stelle von Max mit deinem Schiff hingefahren?" – „Wärst du auch einfach so losgefahren, oder hättest du bestimmte Sachen mitgenommen?" – „Wärst du wie Max wieder heimgekommen, oder wärst du selber noch gerne länger bei den wilden Kerlen geblieben?" – „Mußtet ihr auch schon einmal ohne Essen oder zur Strafe früh ins Bett?" – „Kannst du auch so mit den Augen rollen, die Zähne zeigen, brüllen wie die wilden Kerle?" – „Kennst du Tiere, die so wild sind wie die wilden Kerle?"

Vertiefungsmöglichkeiten – Ideensammlung

„Wilde Kerle" malen mit Wasser- oder Regenbogenfarben, Malen mit Zuckerkreide (Zauberkreide), Rollenspiel, Schattenspiel, Stabfiguren herstellen und das Stück spielen, Landschaft legen, „wilde Kerle" backen, Schiffe bauen: aus Obst, Papier, Nußschalen, Holzbrettern; eine Flaschenpost machen, die dann zu dem Land der wilden Kerle schwimmt; legen mit „Märchenwolle", Märchen vertonen und dazu Geräuschinstrumente selbst herstellen, Lied „Krachmacher Song", Phantasiereise „Ich bin ein Schiff", Collage „Wald", Kinder schminken sich als wilde Kerle und stellen die Schminke selbst her, Händeabdruck mit Krallen der wilden Kerle; Zaubertrunk brauen, der groß und gefährlich macht, Backen von Wilde-Kerle-Figuren, Porträtfotos der Kinder als wilde Kerle bemalen.

Praktische Beispiele

Legen während des Erzählens

Material: Legematerial aller Art, Tücher, Steine, Muscheln.

Durchführung: Da das Legematerial und die Methode den Kindern bereits bekannt ist, legen sie parallel zum Märchenerzählen die Schauplätze des Märchens. Als erstes legen die Kinder das Haus von Max aus zwei Rhythmiktüchern. Der Wald wird mittels grüner Tücher aufgestellt, das Schiff wiederum mit zwei Tüchern gelegt. Mehrere blaue Tücher bilden das Meer, gelbe, grüne und braune Tücher stellen die Insel der wilden Kerle dar. Um die Insel herum legen die Kinder Muscheln.

Legen des Märchens zur Vertiefung

Im Anschluß an die Erzählung legen die Kinder frei aus der Fülle des Materials das Märchen nach ihren Vorstellungen und inneren Erlebnissen nach. Im Hintergrund läuft passende Musik (Vorschläge bei der „Phantasiereise", siehe Seite 121).

Malen mit Zuckerkreide (Zauberkreide)

Material: bunte Tafelkreide, Zuckerraffinade, warmes Wasser, buntes Tonpapier (mindestens im DIN A3-Format).

Vorbereitung: Lösen Sie etwa drei Eßlöffel Zucker in einem Becher oder einem Schälchen, gefüllt mit warmem Wasser, auf. Stellen Sie dann die Kreide hinein und lassen Sie sie etwa 20 bis 30 Minuten einweichen (sie kann aber auch länger liegen). Die Kreide löst sich nicht auf, sondern wird nur weich. Als Malgrund für die Zuckerkreide eignet sich sehr gut Tonpapier in kräftigen Farben. Die Stärke des Tonpapiers ist notwendig für die nasse Technik, die Farben des Papiers heben den Charakter der Zuckerkreide deutlich hervor.

Durchführung: Die Kinder malen mit dem nassen Kreidestück das gewählte Motiv. Dabei kann z.B. auch mit weißer Kreide über andere Farben gemalt werden. In jedem Fall entsteht dann durch das Trocknen der Kreide ein heller, pudriger Effekt.

Stabfiguren herstellen und damit spielen

Material: Plakatkarton oder Karton von Schachteln, Scheren, Malfarben und Pinsel, Blumenstäbe, Tesakreppband, 1–2 blaue Plastikmüllsäcke, Räucherwerk, Topf aus der Puppenküche.

Basteln der Figuren: Nachdem die Kinder das Märchen gehört haben, zeichnen sie *ihren* „Wilden Kerl" auf Karton und schneiden ihn aus. Mit kompakten Farben und dicken Pinseln malen sie die ausgeschnittene Silhouette aus. Auf der Rückseite der Figur wird ein Blumenstab mit einem Tesakreppband als Führungsstab angeklebt. Im selben Verfahren werden das Schiff und die Mutter von Max hergestellt. Die Mutter erscheint zwar nur kurz im Text des Bilderbuches. Die Praxis zeigte aber, daß sich die Kinder die Mutterfigur zum Spielen unbedingt wünschen. Der Wald, der im Zimmer von Max wächst, wird auf ein oder zwei Plakatkartons gemalt, die beim Spielen des Märchens langsam von unten auf die Bühne geschoben werden. An der Textstelle, wo sich der Wald lichtet und das Boot und das Meer erscheinen, schieben die Kinder langsam das Boot auf die Bühne. Das Meer läßt sich sehr effektvoll mit blauen Plastikmüllsäcken darstellen. Der Müllsack wird quer über die Bühne an den beiden Enden gehalten und hin und her bewegt. Im Märchen heißt es, daß das Essen „noch warm" auf dem Tisch stand, als Max wieder zuhause angekommen war. Dazu stellt man

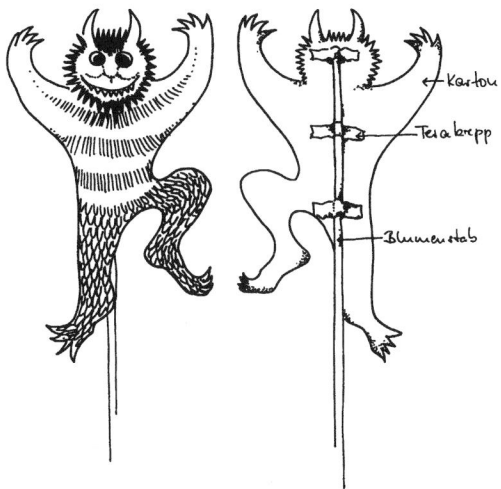

Kartou
Terakrepp
Blumenstab

Räucherwerk in einen kleinen Topf (aus der Puppenküche), so daß auf der Bühne noch der Dampf des warmen Essens zu sehen ist.

Verklanglichung des Märchens

Eine Verklanglichung des Märchens ist besonders sinnvoll, weil es ja um das Lärmen und Toben geht. So wie die Kinder die Figu-

ren selbst führen und das Märchen eigenständig zum gesprochenen Text spielen können, kann das Stück auch selbst von den Kindern vertont, also mit Geräuschen untermalt werden. Die Orff- und Geräuschinstrumente werden in die Mitte gelegt und nacheinander ausprobiert. Die Kinder entscheiden selbst, welche Instrumente für die Geräuschkulisse verwendet werden. Hierzu gibt es mehrere Möglichkeiten: Entweder wird das Märchen von den Kindern zur Erzählung des Erwachsenen vertont, oder es wird das Stabfiguren-, Schatten- oder Rollenspiel der Kinder mit Klängen und Geräuschen untermalt. Ein besonderes Erlebnis für die Kinder ist es, gerade an der Stelle des Märchens, wo Max die wilden Kerle Krach machen läßt, mit selbstgebauten Geräuschinstrumenten zu spielen. Deshalb gleich einige Anregungen zur Herstellung einfacher „Krachinstrumente":

Herstellen von Rasseln und Saiteninstrumenten

Rasseln aus Glühbirnen: Um eine ausgediente Glühbirne wird Pappmachée gekleistert. Nach dem Trocknen dürfen die Kinder diese bunt bemalen. Ist die Farbe trocken, dürfen die Kinder ihre Glühbirne heftig auf den Tisch schlagen, das Glas im Innern zerspringt, und fertig ist die Rassel.

Rasseln aus Joghurtbechern: Der Joghurtbecher wird mit verschiedenem Material wie z.B.

Reis, Steinchen, Nudeln gefüllt. Aus einer bunten Klebefolie schneiden die Kinder runde Deckel (etwa 2 cm größer als die Becheröffnung) aus. Vom Rand nach innen wird nun mehrmals im Abstand von ca. 3 cm eingeschnitten, damit der Deckel angeklebt werden kann.

Rasseln aus Papierrollen: leere Rollen von Haushalts- oder Toilettenpapier werden wie die Joghurtbecher gefüllt, verschlossen und verziert.

Saiteninstrumente: Sammeln Sie kleine Kartons, Dosen, Seifenschachteln, Zigarrenkistchen und dergleichen. Für größere Instrumente nimmt man Schuhkartons, Waschmitteltrommeln. An den Rand des jeweiligen Behälters (an zwei gegenüberliegenden Seiten) schneidet man im Abstand von einem Zentimeter einen Zentimeter tief ein. In diese Einschnitte spannt man Gummischnüre oder Nylonfäden. Das Saiteninstrument ist fertig.

Backen von Figuren

Rezept: Gemeinsames Herstellen eines Mürbeteiges (siehe Rezept zu „Rosenplätzchen" bei „Dornröschen"). Während der Teig ruht, zeichnen die Kinder ihren „wilden Kerl" auf Kartonpapier und schneiden ihn aus. Jedes Kind hat nun seine eigene Schablone selbst gemacht. Der Teig wird in mehrere Stücke geteilt, und jedes Kind darf mit

ausrollen, aber nicht zu dünn, damit die Figur nicht bricht. Der wilde Kerl wird auf den Teig gelegt und mit einem kleinen Messer ausgeschnitten. Nach dem Backen können die wilden Kerle mit Zucker- oder Schokoguß, mit Perlen und Zuckerstreuseln verziert werden. Da dies eine sehr zeitaufwendige Aktion ist, sollte man die Arbeit auf zwei oder mehrere Tage verteilen.

Obstschiffchen

Zutaten: für 8 Kinder 1 Apfel, 1 Kiwi, 1 Zitrone, 8 Zahnstocher, Messer, Apfelschäler, Brettchen, blaue Servietten.

Zubereitung: Zitrone auspressen, Obst waschen und schälen, Apfel in 8 Stücke schneiden, das ergibt 8 Schiffskörper; diese in Zitronensaft wenden, Kiwi in 4 Scheiben schneiden und diese halbieren, ergibt 8 Segel für die Schiffe. Die halben Kiwischeiben auf Zahnstocher spießen und diese in die Apfelschnitzen stecken.

Die Schiffchen dekorativ auf blauen Servietten anrichten. Als *Variante* kann man statt Apfelstücken ca. 5 cm lange Bananenstückchen (oder auch eine ganze Banane) verwenden.

Segelschiffe aus Walnußhälften

Material: eine Walnußhälfte, Knete, Ton oder Kerzenwachs, Zahnstocher, Seidenpapier oder Stoffreste, Klebstoff.

Durchführung: Zuerst wird das Segel vorbereitet: Um einen Zahnstocher wird aus Papier oder Stoff ein Segel geklebt, danach die Walnußhälfte mit Ton, Knetmasse oder Kerzenwachs füllen und das fertige Segel in die Mitte stecken.

Segelschiffe aus Flaschenkorken

Material: halbierte Flaschenkorken, Zahnstocher, Stoff- oder Papierreste, Klebstoff. Segel herstellen wie bei Walnußschiffchen und in den halbierten Korken stecken.

Segelschiffe aus Holz (Werkarbeit)

Material: Abfallholz oder Apfelkisten, Schmirgelpapier, Schaschlikstäbchen, Stoffreste, Holzleim, Säge und Bohrer.

Herstellen des Segels: Auf ein Schaschlikstäbchen wird ein ausgeschnittenes Segel geklebt. Die Kinder schreiben eventuell ihren Namen auf das Segel.
Herstellen des Schiffskörpers: Für jüngere Kinder nimmt man bereits zugeschnittene Brettchen aus Abfallholz oder aus Apfelkisten, ältere Kinder sägen selbst. Die Kinder schmirgeln die Ränder mit feinem Sandpapier ab. In die Mitte des Brettchens bohren sie mit einem kleinen Bohrer ein Loch, in das dann mit Holzkleber das Segel geleimt wird. Dann dürfen die Kinder die Schiffe in einer großen Schale oder in einem Planschbecken schwimmen lassen. Ein eindrucksvolles Erlebnis für die Kinder wäre auch, die Schiffe an einem Fluß auszusetzen und die „Fahrt in die Ferne" zu phantasieren.
Auch gefaltete Schiffe schwimmen, wenn sie aus gelacktem Papier, z.B. Geschenkpapierresten oder Folien, gefaltet wurden.
Viele weitere Vorschläge zum Basteln von Schiffen findet man in: *„Feste kreativ gestalten"* von Eva Reuys und Hanne Viehoff (Don Bosco Verlag).

Phantasiereise „Ich bin ein Schiff"

Material: Musik, Kassettenrecorder, Text, ein ruhig gelegener, etwas abgedunkelter Raum, Aromalampe.

Durchführung: Die Kinder betreten leise den Raum und suchen sich einen Platz, legen sich dort auf den Boden. Der Erwachsene spricht zur Einstimmung in die Entspannung den anschließenden Text, im Hintergrund läuft passende Musik. *Vorschläge* (jeweils ausgewählte Stücke): Vangelis: *L'apocalypse des animaux*, CD-Polydor Nr. 831 503-2; Vangelis: *1492 – Conquest Of Paradise*, CD FRANCE CA851 Nr. 4509-91014-2 YS; Tim Wheater: *Whale Song*, CD von Windpferd Music.

„Fühlt euch ganz bequem auf dem Rücken bewegt euch noch ein bißchen hin und her, bis ihr ganz ruhig daliegen könnt. So, und jetzt schaut mal, wie ihr atmet, spürt genau, wie die Luft durch die Nase hereinkommt und wie sie wieder hinausgeht, hereinkommt – und wieder hinausgeht. Und immer, wenn ihr ausatmet, wird euer Körper leichter und lockerer, liegt ihr immer noch bequemer auf dem Boden. – Und wieder ausatmen und leicht und locker und bequem daliegen – immer mehr und immer mehr. – Jetzt bist du schon ganz leicht und locker und ruhig, liegst entspannt auf dem Boden, so, als ob du schlafen würdest – aber in Wirklichkeit bleibst du, mit geschlossenen Augen, ganz, ganz wach. –

Laß dich vom Boden tragen, spüre, daß du dich ganz sicher fühlen kannst und stelle dir jetzt vor, daß der Boden auf einmal weich und nachgiebig wird, zu Wasser wird. Du selber schwimmst jetzt auf diesem Wasser, du bist ein Schiff, das auf dem großen, weiten Meer dahinfährt. Ein großes Schiff bist du, stark und voller Kraft. Deshalb kannst du dich jetzt daran freuen, loszulassen, dich einfach treiben zu lassen, wohin Wind und Wellen dich haben wollen.

Genieße das Rauschen und die Kraft des Meeres, der Wogen und Wellen, und schau mal eine ganze Weile, was das Meer mit dir, mit dem Schiff macht: Wirst du sanft getragen, geschaukelt, geschüttelt oder auch einmal ein bißchen naß gemacht, wenn eine Welle in das Schiff hineinschwappt? – Laß

dich weiter dahintreiben, ohne ein festes Ziel, erlebe die Sonne am Tag, schnuppere die Meeresluft, höre das Rauschen des Meeres und spüre, wie das Wasser an deinen Schiffskörper schlägt. – Schau in der Nacht einmal nach oben, wie der silberne Mond am Himmel steht. – Schau, welche Tiere dir im Wasser und in der Luft begegnen!

Plötzlich merkst du, wie das Wasser, das dich trägt, flacher und flacher wird, du kommst an Land, zu einer Insel, tatsächlich: zu dem Land, wo die wilden Kerle wohnen. Da möchtest du kein Schiff mehr sein, sondern – wer? – Schau jetzt einmal, was du an Land bei den wilden Kerlen so erlebst!

(Im Hintergrund läuft jetzt eine etwas bewegtere Musik von Vangelis, und der Erwachsene läßt den Kindern für ihre gedanklichen und emotionalen Erlebnisse Zeit.)

Verabschiede dich jetzt von deinen neuen Freunden, den wilden Kerlen, und gehe an das Meeresufer, zu deinem Schiff zurück und segle, segle Tag und Nacht und Tag und Nacht und wochenlang, so lange, bis du glücklich und stark zu Hause ankommst. – Spüre jetzt deinen Atem ein bißchen deutlicher, atme etwas kräftiger und mache damit deinen Körper lebendiger. Kommt ganz zurück in eure Beine, euren Rumpf, die Arme und den Kopf. Gönnt euch alle ein paar lange, gute, tiefe Atemzüge. Dehnt und streckt euch, wie es euch Spaß macht – und macht jetzt ganz langsam die Augen wieder auf und kommt hoch zum Sitzen, frisch und munter und gesund!“

Die Kinder erzählen oder malen nun, was sie als Schiff und als Gast der wilden Kerle erlebt haben. Die Musik kann dazu erneut sehr leise im Hintergrund gespielt werden und so die Erinnerung an die Phantasiereise wachhalten.

Collage „Wald" (Reißarbeit)

(Gemeinschafts- oder Einzelarbeit)
Material: Illustrierte Zeitschriften, Plakatkarton, Tapetenkleister, Pinsel.

Durchführung: Die Kinder suchen in den Zeitschriften nach allen Abbildungen, die grün sind, und reißen diese heraus. Nun arrangieren die Kinder ein Dschungelbild. Sind sie zufrieden mit ihrer Darstellung, werden die Teile mit Tapetenkleister auf den Plakatkarton fixiert.

Zaubertrunk für Max und die wilden Kerle

Zutaten für etwa 7 Longdrinkgläser: 11 reife Kiwis, 2-3 Zitronen, 1 Ltr. Limonade, 11 TL Puderzucker, 1 Liter Mineralwasser.

Geräte und Material: 7 Longdrinkgläser, 7 Strohhalme, 1 Mixer oder Pürierstab, 3-4 Messer und 3-4 Brettchen (je nach Anzahl der beteiligten Kinder), 1 Abfallschale, 2 Zitronenpressen.

Zubereitung: Kiwis schälen und grob würfeln, Zitronen auspressen und Saft mit Kiwis und Limonade pürieren oder mixen. Gläser mit Zuckerrand garnieren. Den Saft mit Puderzucker süßen und in Gläser gleichmäßig verteilen. Die Gläser mit Mineralwasser auffüllen, mit langem Löffel oder Strohhalm verrühren.

Porträt-Fotos der Kinder als „wilde Kerle" bemalen

Material: ein Foto von jedem Kind, Filzstifte.

Durchführung: Die Kinder bringen ein Schwarzweißfoto von sich mit, oder sie fotografieren sich gegenseitig. Jüngere Kinder werden von der Erzieherin fotografiert. Vielleicht ist in der Schule auch ein Fotolabor vorhanden, so könnten größere Kinder den Film selbst entwickeln und Abzüge machen. Jedes Kind darf nun sich selbst auf dem Foto mit Filzstiften verändern. Es kann sich wilde Haare malen, gefährliche große Zähne und gelbe rollende Augen, bis es so gefährlich und wild aussieht, wie es gerne sein möchte.

Krachmachersong

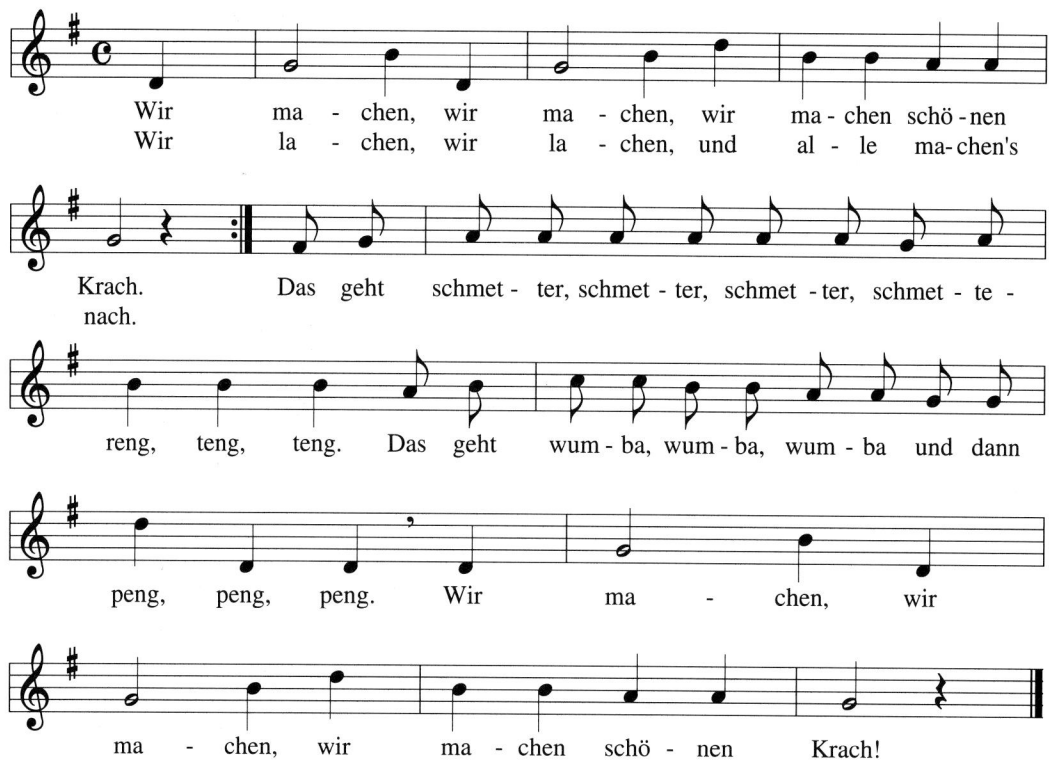

Wir ma - chen, wir ma - chen, wir ma - chen schö - nen
Wir la - chen, wir la - chen, und al - le ma - chen's

Krach. Das geht schmet - ter, schmet - ter, schmet - ter, schmet - te -
nach.

reng, teng, teng. Das geht wum - ba, wum - ba, wum - ba und dann

peng, peng, peng. Wir ma - chen, wir

ma - chen, wir ma - chen schö - nen Krach!

Worte: Rolf Krenzer, Weise: Englisches Kinderlied
(Aus: Rolf Krenzer, Heut' spielen wir Theater, Bd. 2,
© Verlag Ernst Kaufmann, Lahr; edition kemper)

Händedruck

Diese Technik ist schon für sehr kleine Kinder geeignet.

Material: Malpapier, schwarze Fingerfarbe, dicke Borstenpinsel, Lappen zum Händeabwischen, Malerkittel.

Durchführung: Nachdem die Kinder ihre Malerkittel angezogen haben und das Material bereitgestellt ist, dürfen sich die Kinder eine Hand mit Fingerfarbe anmalen. Entweder tun sie dies mit einem Pinsel oder mit der anderen Hand. Die bemalte Hand wird auf dem Papier abgedruckt. Da die wilden Kerle fürchterliche Krallen haben, dürfen die Kinder mit dem Pinsel lange Krallen dazumalen. In der Regel bemalen die Kinder mit außerordentlicher Lust und größtem Vergnügen ihre Hand und auch gleich die zweite. Nicht selten entstehen dabei Gespräche über das Wildsein, wie gefährlich und toll diese schwarze Hand aussieht und so fort.

Kinder schminken sich als „wilde Kerle"

Material: Faschingsschminke oder selbsther-
gestellte Schminke (Anleitung siehe unten),
mehrere Spiegel.

Durchführung: Mit den Kindern wird besprochen, wie die wilden Kerle im Gesicht aussehen, und wie sie selbst gerne aussehen würden, wenn sie ein „wilder Kerl" sein könnten. Die Kinder dürfen sich dann selbständig
so schminken, daß sie wie wilde Kerle aussehen. Anschließend eignet sich ein Rollenspiel.

Schminke selbst herstellen
Zutaten pro Schminkstift: 1 Msp Farbpigmen-
te (im Fachhandel erhältlich, auf ungiftige
Farben achten), 1 TL Vaseline.

Gerät und Material: ein alter Topf, ein hitze-
beständiger Behälter, Herd oder Plattenko-
cher, Schaschlikstäbe, Papier, Kleber, Alufolie, Bleistift.

Vorbereitung: aus einem Stück Papier ein 10 x
4 cm großes Stück zurechtschneiden und
dieses dann um einen Bleistift wickeln. Dieses Röllchen zusammenkleben und ein Ende
mit Alufolie umwickeln, so daß es ein dichtes
Röhrchen gibt.

Herstellung der Schminkstifte: Vaseline im
Wasserbad erwärmen, bis sie flüssig ist. Farb-
pigmente hinzugeben und gut verrühren.
Die Masse in die vorbereiteten Papierröll-
chen füllen und sie aufrecht zum Festwerden
in ein Glas stellen. Am besten für 3 bis 4
Stunden in den Kühlschrank stellen.

Hinweise: Falls Sie Stifte nur für die Lippen
herstellen wollen, empfiehlt es sich, einzelne
Tropfen Lebensmittelaromen (Backaromen)
hinzuzufügen. Für jüngere Kinder ist das
Herstellen der Röhrchen und das Einfüllen
der heißen Schminke zu schwierig. Hier
kann man auf leere Cremedöschen auswei-
chen.

*Literaturtip: „Schminken – Pflegen – schönes
Haar – sanfte Kosmetik"* von Jean Pütz und
Christine Niklas (Hobbythek vgs-Verlag).

Der eigensüchtige Riese
von Oscar Wilde

An jedem Nachmittag, wenn die Kinder aus der Schule kamen, gingen sie in den Garten des Riesen und spielten da.

Es war ein großer hübscher Garten mit weichem grünen Gras. Hier und da auf dem Rasen standen schöne Blumen wie Sterne, und da waren auch zwölf Pfirsichbäume, die im Frühling zartrosa und perlweiß blühten und im Herbst reiche Frucht trugen. Die Vögel saßen auf den Bäumen und sangen so süß, daß die Kinder immer in ihren Spielen innehielten, um zu lauschen. „Wie glücklich wir hier doch sind!" riefen sie einander zu.

Eines Tages kam der Riese nach Haus. Er war auf Besuch bei seinem Freund, dem gehörnten Menschenfresser, gewesen und sieben Jahre bei ihm geblieben. Als die sieben Jahre um waren, war alles gesagt, was er ihm zu sagen hatte, denn sein Gesprächsstoff war sehr beschränkt, und so beschloß er, auf sein eigenes Schloß zurückzukehren. Als er nach Hause kam, sah er die Kinder in seinem Garten spielen. „Was tut ihr hier?" rief er sehr mürrisch, und die Kinder liefen weg. „Mein Garten, das ist mein Garten", sagte der Riese, „das sieht jeder ein, und ich erlaube niemandem sonst, darin zu spielen, als mir selber." Also baute er eine mächtige Mauer ringsum und stellte eine Warntafel auf:

> UNBEFUGTES BETRETEN
> DIESES GRUNDSTÜCKS
> IST BEI STRAFE VERBOTEN!

Es war ein sehr eigensüchtiger Riese.

Die armen Kinder hatten jetzt nichts mehr, wo sie spielen konnten. Sie versuchten's auf der Landstraße, aber die Landstraße war sehr staubig und steinig, und sie mochten sie nicht leiden. So gingen sie also, wenn die Schule aus war, um die große Mauer herum und sprachen von dem schönen Garten dahinter. „Wie glücklich waren wir da", sagten sie zueinander. Dann kam der Frühling, und über der ganzen Gegend waren kleine Blüten und kleine Vögel. Bloß in dem Garten des eigensüchtigen Riesen blieb es Winter. Die Vögel machten sich nichts daraus, darin zu singen, weil keine Kinder da waren, und die Bäume vergaßen zu blühen. Einmal steckte eine schöne Blume ihr Köpfchen aus dem Gras hervor, aber als sie die Warntafel sah, war sie so betrübt um die Kinder, daß sie wieder in den Boden hineinschlüpfte und weiterschlief. Die einzigen Leute, die sich freuten, waren der Schnee und der Frost.

„Der Frühling hat diesen Garten vergessen", riefen sie, „so wollen wir hier das ganze Jahr hindurch leben." Der Schnee deckte das Gras mit seinem großen weißen Mantel, und der Frost bemalte alle Bäume silberweiß. Dann luden sie den Nordwind ein, bei ihnen zu wohnen, und er kam. Er war in Pelze ganz eingehüllt und brüllte den ganzen Tag durch den Garten und blies die Schornsteine herunter. „Das ist ein ganz herrlicher Platz", sagte er, „wir müssen den Hagel auf eine Visite bitten." Und so kam der Hagel. Jeden Tag

prasselte er drei Stunden lang auf das Schloßdach herunter, bis er fast alle Schieferplatten zerbrochen hatte, und dann lief er rund um den Garten, so schnell er nur konnte. Er war ganz grau angezogen, und sein Atem war wie Eis.

„Ich versteh nicht, warum der Frühling so spät kommt", sagte der eigensüchtige Riese, als er am Fenster saß und auf seinen kalten weißen Garten hinuntersah. „Ich hoffe, das Wetter ändert sich bald." Aber der Frühling kam nie und auch nicht der Sommer. Der Herbst gab jedem Garten goldene Früchte, aber dem Garten des Riesen gab er keine. „Er ist zu eigensüchtig", sagte der Herbst. So war es da immer Winter, und der Nordwind und der Hagel und der Frost und der Schnee tanzten um die Bäume.

Eines Morgens lag der Riese wach im Bette, als er eine liebliche Musik vernahm. Es klang so süß an seine Ohren, daß er dachte, die Musikanten des Königs zögen vorüber. Aber es war bloß ein kleiner Hänfling, der vor seinem Fenster sang, nur hatte er so lange keinen Vogel mehr in seinem Garten singen hören, daß es ihm wie die schönste Musik der Welt vorkam. Da hörte der Hagel auf, über seinem Kopf zu tanzen, und der Nordwind zu blasen, und ein köstlicher Duft kam zu ihm durch den geöffneten Fensterflügel. „Ich glaube, der Frühling ist endlich gekommen", sagte der Riese; und er sprang aus dem Bett und schaute hinaus.

Und was sah er?

Er sah was ganz Wunderbares. Durch ein kleines Loch in der Mauer waren die Kinder hereingekrochen und saßen in den Zweigen der Bäume. In jedem Baum, den er sehen konnte, saß ein kleines

Kind. Und die Bäume waren so froh, die Kinder wieder bei sich zu haben, daß sie sich ganz mit Blüten bedeckt hatten und ihre Arme anmutig über den Köpfen der Kinder bewegten. Die Vögel flogen umher und zwitscherten vor Entzücken, und die Blumen guckten aus dem grünen Gras hervor und lachten. Es war entzückend anzusehen, und nur in einem Winkel war es noch Winter, und dort stand kleiner Junge. Er war so klein, daß er nicht an die Äste hinaufreichen konnte, und er lief immer um den Baum herum und weinte bitterlich. Der arme Baum war noch ganz bedeckt mit Frost und Schnee, und der Nordwind blies und heulte über ihm. „Klettere herauf, kleiner Junge", sagte der Baum und senkte seine Äste so tief er konnte, aber der Junge war zu klein.

Da wurde des Riesen Herz weich, als er das sah. „Wie eigensüchtig ich doch war!" sagte er; „jetzt weiß ich, weshalb der Frühling nicht hierherkommen wollte. Ich will dem armen kleinen Jungen auf den Baumwipfel helfen, und dann will ich die Mauer umwerfen, und mein Garten soll für alle Zeit der Spielplatz der Kinder sein." Er war wirklich sehr betrübt über das, was er getan hatte. So schlich er hinunter und öffnete ganz leise das Tor und trat in den Garten. Aber als die Kinder ihn sahen, erschraken sie so, daß sie alle wegliefen, und im Garten wurde es wieder Winter. Bloß der kleine Junge lief nicht weg, denn seine Augen waren so voll Tränen, daß er den Riesen nicht kommen sah. Und der Riese kam leise hinter ihm heran, nahm ihn zärtlich auf seine Hand und setzte ihn hinauf in den Baum.

Und sogleich fing der Baum zu blühen an, und die Vögel kamen und sangen in ihm, und der klei-

ne Junge breitete seine Ärmchen aus, schlang sie um den Hals des Riesen und küßte ihn auf den Mund. Und wie die anderen Kinder sahen, daß der Riese nicht mehr böse war, kamen sie schnell zurückgelaufen, und mit ihnen kam auch der Frühling. „Der Garten gehört jetzt euch, Kinderlein", sagte der Riese, und er nahm eine große Axt und hieb die Mauer um. Und als die Leute um zwölf Uhr zum Markt gingen, sahen sie den Riesen mit den Kindern spielen, in dem schönsten Garten, den sie je geschaut hatten.

Den ganzen Tag spielten sie, und am Abend kamen sie zum Riesen und wünschten ihm eine gute Nacht.

„Aber wo ist denn euer kleiner Kamerad?" fragte er, „der Junge, dem ich auf den Baum geholfen habe?" Der Riese liebte ihn am meisten, weil der ihn geküßt hatte.

„Wir wissen's nicht", antworteten die Kinder, „er ist fortgegangen."

„Ihr müßt ihm sagen, er soll sicher morgen wiederkommen", sagte der Riese. Aber die Kinder antworteten, sie wüßten nicht, wo er wohne, und sie hätten ihn zuvor nie gesehen; da wurde der Riese sehr traurig.

Jeden Nachmittag nach Schluß der Schule kamen die Kinder und spielten mit dem Riesen. Aber der kleine Knabe, den der Riese so liebte, ließ sich nie mehr sehen. Der Riese war sehr gut mit den Kindern, aber er sehnte sich nach seinem kleinen Freunde und sprach oft von ihm. „Wie gern möcht' ich ihn wiedersehn!" sagte er immer und immer.

Jahre vergingen, und der Riese wurde sehr alt und schwach. Er konnte nicht mehr unten mit den Kindern spielen, und so saß er in seinem mächtigen Armstuhl und sah ihnen zu und freute sich an seinem Garten. „Ich habe viele schöne Blumen", sagte er, „aber die allerschönsten Blumen von allen sind die Kinder."

An einem Wintermorgen sah er beim Ankleiden aus seinem Fenster. Jetzt haßte er den Winter nicht mehr, denn er wußte, daß der Frühling nur schlief und die Blumen sich ausruhten. Plötzlich rieb er sich verwundert die Augen und sah und sah. Es war wirklich ein wundersamer Anblick. Im fernsten Winkel des Gartens war ein Baum ganz bedeckt mit lieblichen weißen Blüten. Seine Äste waren lauter Gold, und silberne Früchte hingen an ihnen, und darunter stand der kleine Knabe, den er so geliebt hatte.

Hocherfreut eilte der Riese die Treppe hinunter und in den Garten. Er lief über den Rasen auf das Kind zu. Und als er ihm ganz nahe gekommen war, wurde sein Gesicht rot vor Zorn und er sagte: „Wer hat es gewagt, dich zu verwunden?" Denn an den Handflächen des Kindes waren Male von zwei Nägeln, und Male von zwei Nägeln waren an den kleinen Füßen.

„Wer hat es gewagt, dich zu verwunden?" rief der Riese; „sag es mir, damit ich mein großes Schwert nehme und ihn erschlage."

„Ach nein", antwortete das Kind; „dies sind die Wunden der Liebe."

„Wer bist du?" sagte der Riese, und eine seltsame Scheu überkam ihn, und er kniete nieder vor dem kleinen Kinde. Und das Kind lächelte den Riesen an und sprach zu ihm: „Du ließest mich einst in deinem Garten spielen, heute sollst du mit mir kommen in meinen Garten, in das Paradies."

Und als die Kinder an diesem Nachmittag herein-
stürmten, da fanden sie den Riesen tot unter dem
Baume liegen und ganz bedeckt mit weißen Blü-
ten.

Symbolik und Interpretation des Märchens

Die Geschichte zeigt in tief bewegenden Bildern die Begegnung des Riesen – das sind wir selbst mit unseren Machtansprüchen, unserer Eigenmächtigkeit – mit dem göttlichen Kind als Erlöser. Das erlösende Göttliche hat die aufgeblähte Riesenhaftigkeit nicht nötig, es kommt als Kind und so wie es ist in das Bewußtsein des Menschen. Das Kind ist immer schon da, nur sehen wir es nicht in unserer Verblendung und Selbstbezogenheit, deshalb müssen wir durch die Welterfahrung hindurch zu ihm finden. Das Märchen zeigt diese stufenweise Entfaltung des menschlichen Bewußtseins, bis wir wirklich mit den Augen der Liebe sehen können. Es beginnt im „Garten", in der Welt mit all ihren Möglichkeiten, die Kinder darin spielen glücklich im Zustand des unbefangenen, naiven Welt- und Lebensbewußtseins, ein Symbol für die Lebensweise der meisten Menschen.

Der Riese ist noch nicht da, das Kind und der (unbewußte) Erwachsene weiß noch nichts von seinen Schattenseiten und seiner Selbstbezogenheit. Es braucht oft lange Zeit, bis man sich im Lauf der Persönlichkeitsent-

wicklung ganz, auch in seinen negativen und eigensüchtigen Aspekten kennengelernt hat. Das erfährt jeder, der sich intensiv über längere Zeit meditierend auf die eigene Tiefe einläßt: Wie Riesen können da alle möglichen negativen Impulse in ungeahnter Intensität im eigenen Inneren auftauchen und eine Zeit der Auseinandersetzung, des Ringens mit sich selber einleiten.

Wenn die Schattenseiten zum ersten Mal bewußtwerden, ist „der Riese zurückgekommen". Er war sieben Jahre, also einen ganzen Entwicklungszyklus, in der kalten Erwachsenenwelt heimisch geworden, war bei seinem Freund, dem gehörnten Menschenfresser gewesen: Dort regierten der Verstand und das Reden, Einfühlen und Einheitserleben aber kamen zu kurz. Der Machtspruch des Ego wächst sehr oft im Verborgenen, ohne daß der Mensch sich dessen bewußt ist. Aber an der Umwelt, am Leben, das uns umgibt, merken wir, was mit uns los ist, daß wir ganz eigensüchtig geworden sind, ganz isoliert vom wirklichen Leben.

Den spielenden Kindern ist die Freude genommen, Wind, Schnee und Hagel vergällen das Leben, kein Frühling, kein Sommer kommt mehr! Und der Garten schenkt keine Früchte – im Garten des Riesen bleibt es immer Winter.

In einem alten Spruch heißt es: „Weil er an den Leiden leidet, wird er von den Leiden befreit." Die Erweckung kommt durch eine Naturerfahrung, den Gesang des Vogels, der das Herz des Riesen nach langer Leidenszeit öffnet. So geschieht es sehr häufig bei Menschen, die eine religiöse Tiefenerfahrung machen. Urplötzlich zeigt sich das Leben „so wie es ist", ohne Einmischung und Störung durch unsere Person, unseren Verstand, als vollkommener Ausdruck des Göttlichen, in einer Blume, einem Sonnenaufgang, einem singenden Vogel. Und diese Erfahrung wird möglich, wenn „ein kleines Loch in der Mauer" entstanden ist, wenn sich das verblendete dualistische Bewußtsein des Menschen zum ersten Mal geöffnet hat für das wahre Leben Gottes. In die Freude einer solchen Erfahrung mischt sich immer auch die Erkenntnis, daß sie nur ein Anfang ist, daß die Begegnung mit dem Göttlichen unauslotbare Tiefen hat. Ein langer Reifungsprozeß im Leben selbst steht bevor. So geht der Riese hinunter in den Garten und begegnet dem Göttlichen in der Schöpfung, im hilfsbedürftigen Kind. Der Riese fühlt mit dem Kind, fühlt an seiner Stelle, und erkennt dabei noch einmal seine frühere Eigensüchtigkeit, die aber im Nu verschwunden ist. Diese im Märchen einmalige Begegnung findet im Reifungsprozeß des Lebens wieder und wieder statt: Das Ego, der Riese, beugt sich immer mehr dem „Kind", dem göttlichen Leben in allen Dingen. Das ist ein langer Weg des Bewußtseins, die erste Erfahrung muß wachsen und reifen können. Im Winter, dem Bild für die „große, erwartende Ruhe im Bewußtsein", geschieht dann die große Verwandlung, die Wiederbegegnung mit dem Göttlichen. Die Zeit der Reifeprozesse, in denen die erste Erfahrung als „Sehnsucht nach dem Heimkommen" weiterlebte, ist abgelaufen. Wer über so lange Zeit sich dem Göttlichen geöffnet hat in allen Dingen und allen leidenden Wesen, der wird von ihm auch heimgeholt in das neue, blühende Leben in Gott, im Sterben oder schon im Leben beim (mystischen) Tod der Person.

Jeder sensible Mensch wird tief berührt sein vom Schicksal des Riesen, weil es *sein eigenes Schicksal* ist, ganz unabhängig von den Besonderheiten seines persönlichen Lebensablaufes.

Vertiefungsfragen

Das ist kein im üblichen Sinn psychoanalytisch deutbares Märchen, daher braucht man es auch nicht durch Fragen aufzubereiten. Da es von einer tiefen religiösen Erfahrungsebene her das Entwicklungsschicksal jedes Menschen darstellt, sollte man es ohne gezielte Gesprächsversuche in den einfachen Vertiefungsformen wirken lassen.

Vertiefungsmöglichkeiten – Ideensammlung

Das Märchen malen, den Riesen malen, die Blumenwiese als Collage gestalten, Phantasiereise durch Gestalten mit Ton, Gänse-

blümchen-Butterbrot, Duftsäckchen, Tisch-spiel mit Filzpüppchen, Blumenbeet anle-gen, Blumen in einen Topf pflanzen, Musik hören: „Die vier Jahreszeiten" von Antonio Vivaldi, Lied, Dias bemalen.

Praktische Beispiele

Collage: Die Blumenwiese des Riesen

Material: Zeitschriften, Blumenkataloge, Tapetenkleister und Pinsel zum Auftragen, Schere, Plakatkarton.

Durchführung: Die Kinder suchen in den Zeitschriften nach Blumenabbildungen und schneiden sie aus. Auf dem Plakatkarton werden diese erst arrangiert, und wenn das Kind damit zufrieden ist, werden die Blu-men aufgeklebt (kann auch als Gemein-schaftsarbeit stattfinden).

Gänseblümchen-Butterbrot

Material: Brotscheiben, Butter, Brettchen, Messer und Gänseblümchen.

Durchführung: Die Gänseblümchen sind natürlich aus dem Garten des Riesen, die Brote, vielleicht selbstgebacken, werden von den Kindern gestrichen und mit den gut gewaschenen Blumen belegt. Gänseblüm-chen kann man essen, man sollte aber darauf achten, daß sie vom eigenen Garten stam-men und nicht künstlich gedüngt sind.

Duftsäckchen

Material: Stoffreste, getrocknete Blütenblät-ter oder Blumen, Aromaöl, Schleifenband, Zickzackschere.

Fertigung: Je nach Wunsch schneidet man aus den Stoffresten Kreise mit ca. 20 cm Durch-messer oder in anderen Größen aus. In die Mitte werden die getrockneten Blütenblätter gelegt und mit Aromaöl leicht beträufelt. Den Rand faßt man zusammen und bindet eine passende Schleife herum.

Elementares Tonen mit Phantasiereise

Material: Unterlage, ein Berg ungestalteter Ton, Wasser.

Durchführung: Die Kinder versammeln sich um einen Tisch, auf dem genügend Ton zur Verfügung steht. Es kann im Stehen oder im Sitzen gearbeitet werden. Der Erwachsene erzählt die Geschichte und fordert die Kinder zum Gestalten mit Ton auf. Wenn Sie das zum ersten Mal durchführen, brauchen die Kinder eine verbale Aufforderung. Wenn diese Art zu spielen bekannt ist, reicht die Aufforderung durch Blickkontakt. Im Vordergrund steht hier die Vertiefung des Märchens, das aktive Ausagieren von Eindrükken, nicht das Endprodukt selbst. Es wird nicht aus Ton etwas hergestellt, das Material dient lediglich als Mittel zum Ausleben. Am Ende der Geschichte gibt es kein Gebilde zum Herzeigen, es wird nichts gebrannt, der Ton kann wieder verwendet werden. Wer die Kinder bei diesen Aktionen beobachtet hat, sieht ganz deutlich, daß das Tun einfach nach dem Lustprinzip, ohne Leistungsdruck, im Vordergrund steht.
Der Erwachsene erzählt das Märchen, die Kinder spielen mit ihren Fingern im Ton. Der Erwachsene macht mit und gibt damit die Aufforderung zum Kneten. Der Ton wird auseinandergezogen, gestrichen, geplättet, bis ein Garten entsteht. Der Erwachsene gibt einem Kind einen größeren Klumpen Ton, es kann in groben Zügen daraus einen Riesen modellieren, aber auch den Klumpen, so wie er ist, zum Darstellen des Riesen verwenden. Alle anderen Kinder hören zu modellieren auf und beobachten. Später bauen alle Kinder eine Mauer aus Ton, und jedes Kind modelliert ein Püppchen zum Spielen. Dem Text entsprechend spielen sie außerhalb der Mauer auf der „Landstraße". Nun übernimmt ein Kind die Rolle einer Blume, die es auch selbst modelliert. An entsprechender Textstelle zupfen die Kinder von einem größeren Klumpen Ton „Schneeflocken" und lassen es im Garten des Riesen „schneien". Sie ahmen auch den Wind nach. Wenn in der Geschichte der Hagel den Garten zerstört, dürfen die Kinder mit ihren Fingern auf den Garten „hageln". Ein Kind stellt wieder den Riesen dar, die anderen Kinder dürfen ein Loch durch die Mauer bohren und im Garten spielen. Danach wird von allen die Mauer umgerissen und wiederum im Garten gespielt. Dem Handlungsablauf entsprechend wird nun weitergespielt. Am Ende wird der Ton wieder zu einem großen Klumpen zusammengedrückt in ein feuchtes Tuch gewickelt und für spätere Aktionen aufbewahrt.

Tischspiel

Wir gestalten eine Schloßmauer aus Steinen und Gips als Kulisse für ein Tischspiel – eine Gemeinschaftsarbeit für vier bis fünf Kinder.

Material: Steine, Gips, Brett, leere Joghurtbecher, Holzspatel, Wasser, Schürzen.
Die Steine können von den Kindern selbst mitgebracht werden, oder die Gruppe geht gemeinsam Steine sammeln. Wenn alle ihre Arbeitskittel tragen, wird besprochen, wer baut und wo und wie gebaut wird. Danach rührt sich jedes Kind in seinem Joghurtbecher mit dem Holzspatel den Gips an und fängt an zu bauen.

Bäume: Kleine dürre Äste werden in selbst modellierte Ständer aus Modelliermasse, Ton oder Knete gesteckt, damit sie stehen können. Die Bäume werden den Jahreszeiten entsprechend dekoriert. Da sich im Verlauf des Märchens die Jahreszeiten mehrmals wiederholen und die Kinder im Spiel schnell handeln müssen, empfiehlt sich folgende Methode: Die Kinder schneiden aus Gardinenresten kleine Tülldeckchen, die zum Beispiel für das Frühlingskleid des Baumes mit kleinen Papier- oder Stoffblüten beklebt und dann nur auf den Baum gelegt werden. Für die anderen Jahreszeiten werden entsprechend weitere Deckchen angefertigt.
Das *Schloß* wird mit Bausteinen gebaut. Mit einem speziellen Baukasten von der Firma „Regenbogenland" in München (Adresse siehe Seite 53 unten) läßt sich schnell und mit Spaß ein märchenhaftes Schloß errichten. In der Mappe des „*Phantastischen Papiertheaters*" von Rudolf Seitz und Hana Vyoralová (erschienen im Don Bosco Verlag) findet sich neben geeigneten Kulissen auch eine Burg zum Selberausmalen. Als Grundelemente zum „Bau" eines Schlosses eignen sich auch mehrere kleine Schachteln in den verschiedensten Formaten. Der kindlichen Kreativität im Zusammenkleben dieser Teile sind keine Grenzen gesetzt. Sind die Kartons mit Farbe bemalt und mit Türmen, Erkern und Dächern versehen, werden die Kinder sicher ein märchenhaftes Schloß entstehen lassen (siehe Foto Seite 110).
Figuren: Zur Herstellung von Figuren gibt es mehrere geeignete Methoden. Figuren aus allen Arten von Modelliermasse; aus Filz genähte Püppchen, die mit Watte ausgestopft werden nach einer Idee aus der Waldorfpädagogik (genaue Anleitung in: Freya Jaffke „*Puppenspiel*", Verlag Freies Geistesleben). Figuren aus Papier, bunt bedruckt oder zum Selbst-Bemalen, finden sich in der Mappe des „*Phantastischen Papiertheaters*". Sie sind auf einen Bogen gedruckt, können leicht ausgeschnitten und zum Spieleinsatz gebracht werden.
Als *Hagel* können Sie Reiskörner einsetzen, *schneien* läßt man es mit winzigen Wattebällchen. Die Kinder können als Schnee auch ein mit Watte beklebtes Tülltuch auf die Landschaft und das Schloß legen. Die *Blumen* werden aus Seidenpapier ausgeschnitten.

Lied „Jahresrad"

1. Es war ei - ne Mut - ter, die hat - te vier Kin - der: den Früh - ling, den Som - mer, den Herbst und den Win - ter.

2. Der Frühling bringt Blumen,
   der Sommer den Klee.
   Der Herbst, der bringt Trauben,
   der Winter den Schnee.

3. Und wie sie sich schwingen
   im Jahresreihn,
   so tanzen und singen
   wir fröhlich darein.

Ein Kind steht in der Mitte, vier umschreiten es im Kreise. Dazu singen die übrigen Kinder und klatschen im Takt.

Worte und Weise: Aus der badischen Pfalz
(Aus: Richard Rudolf Klein; Willkommen, lieber Tag, Band 1,
© Verlag Moritz Diesterweg, Frankfurt am Main)

Schloß als Scherenschnitt

Anleitung siehe bei „Dornröschen".

Blumenbeet anlegen

Das Beet soll so schön sein wie der Garten des Riesen zu den besten Zeiten. Das bleibt es nur dann, wenn es beobachtet, gehegt und gepflegt wird. Bei der Auswahl der Blumensorten darauf achten, daß sie schon im selben Jahr blühen. Damit die Kinder ihren Erfolg sehen, sollten es Blumen sein, die schon vor den großen Ferien blühen.

Dias bemalen

Material: Dias (am besten rahmenlose aus dem Fachhandel), Faserschreiber „permanent" in verschiedenen Farben.

Durchführung: Der Erwachsene teilt das Märchen in beliebig viele Szenen ein. Die Kinder einigen sich, wer welches Motiv malt. Bevor das Dia hergestellt wird, zeichnet das Kind erst einmal sein gewähltes Motiv auf Papier, da es für Kinder sehr ungewöhnlich ist, mit einem so kleinen Format zurechtzukommen. Am besten wird erst die Diagröße auf das Papier gezeichnet, danach malt das Kind seine Ideen in diesen kleinen Rahmen auf Papier. Das Dia kann dann zum Bemalen direkt auf die Papierzeichnung gelegt werden; ähnlich wie beim Durchpausen wird nun das Bild mit Faserstiften gemalt. Da die Faserstifte sofort trocknen, können die Dias gleich projiziert und betrachtet werden. Die Kinder sind bestimmt neugierig auf ihr Werk und beginnen sicher beim Betrachten schon, über die einzelnen Szenen des Märchens zu erzählen. Je nach Alter der Kinder wird der Text zur Diabetrachtung auch von einem oder mehreren Kindern vorgelesen.

Märchenquiz

Ein Rategedicht für Kinder, die Märchen mögen

Ein Töpfchen konnte nicht mehr stoppen,
es wollte nur noch kochen, kochen, kochen!
(Der süße Brei)

Dornenhecke riesengroß,
wächst herum ums ganze Schloß.
(Dornröschen)

Wer sitzt in einem Kämmerlein
und spinnt das Stroh zu Gold ganz fein?
(Rumpelstilzchen)

Zwölf Feen waren hier geladen,
die dreizehnte macht allen bang.
Das ganze Schloß fiel dann in Schlaf,
wohl 100 Jahre lang.
(Dornröschen)

Eltern führten die Kinder in den Wald,
und dort war es bitter kalt.
(Hänsel und Gretel)

Wer schüttelt hier die Betten aus
und wohnt in einem Wolkenhaus?
(Frau Holle)

Ein Schiff, das Meer war plötzlich da,
er segelte so weit, ein ganzes Jahr,
und wurde stark, so wie ein Mann,
bis ihn das Heimweh überkam!
(Wo die wilden Kerle wohnen)

Ein kleiner Mann kämpft' gegen einen großen,
aber nicht mit Schlägen und mit Stoßen.
Er gewann mit großer List,
und heute er noch König ist.
(Das tapfere Schneiderlein)

Ein starkes Tier war nicht gefährlich,
es war ein echter Prinz, ganz ehrlich.
(Schneeweißchen und Rosenrot)

Die goldnen Schuhe sind zwei Schwestern zu klein,
nur die dritte, die paßt ganz genau hinein!
(Aschenputtel)

Die Sterne fielen vom Himmel herab,
zur Belohnung für die gute Tat.
(Sterntaler)

Literaturverzeichnis

Bechstein/ Grimm/ Hauff: *Deutsche Märchen,* Knaur TB 1219, Droemersche Verlagsanstalt, München (o. J.)

Berne Eric: „*Was sagen Sie, nachdem Sie ,Guten Tag' gesagt haben?",* Fischer TB „Geist und Psyche" Nr. 42 192, Fischer Taschenbuch Verlag, Frankfurt/M. 1983

Bettelheim Bruno: *Kinder brauchen Märchen,* dtv-Sachbuch Nr. 1481, dtv-Verlag, München 1984

Brandt-Köhn Susanne: *Sieben kleine Glitzersteine,* Neue Spiellieder zu beliebten Märchen, Don Bosco Verlag, München 1996

Caiati Maria, Delač Svjetlana, Müller Angelika: „*Freispiel – Freies Spiel?",* Don Bosco Verlag, München 1997[8]

Franz, Marie-Louise von: *Die Suche nach dem Selbst,* Kösel Verlag, München 1985

Jaffke Freya: *Puppenspiel,* Arbeitsmaterial aus den Waldorfkindergärten, Heft Nr. 7, Verlag Freies Geistesleben, Stuttgart 1986

Lutz Edmund Johannes: *Knusper knusper knäuschen,* Kinder spielen Märchenszenen, Don Bosco Verlag, München 1997

Pausewang Elfriede: *Die Unzertrennlichen – Neue Fingerspiele 1,* Don Bosco Verlag, München 1993[41]

Pütz Jean und Niklas Christine: *Schminken, Pflegen, schönes Haar, sanfte Kosmetik,* Hobbythek, vgs-Verlag

Reinhardt Friedrich: *Menschen- und Figurenschatten-Spiele.* Modelle, Szenen, Experimente. Don Bosco Verlag, München 1986 (vergriffen)

Reinhardt Friedrich: *Schattenspiele für Kinder,* Don Bosco Verlag, München 1989[2] (vergriffen)

Rogoll Rüdiger: *Nimm dich, wie du bist,* Herderbücherei 593, Herder Verlag, Freiburg 1976

Schäfer Marzella: *Märchen lösen Lebenskrisen,* Herder TB 1076, Herder Verlag, Freiburg 1983

Schaufelberger Hildegard: *Märchenkunde für Erzieher,* Herder Verlag, Freiburg 1987

Schieder Brigitta: *Erzähl mir doch ein Märchen,* Eine methodische Märchensammlung für Kinder ab 4, Don Bosco Verlag, München 1998

Schmidt Dagmar und Jaffke Freya: *Gestalten mit farbiger Wolle,* Werkbücher für Kinder, Eltern und Erzieher 12, Verlag Freies Geistesleben, Stuttgart 1995

Schmidt-Karakatsanis Renate: *Mit Märchen durchs Jahr,* Don Bosco Verlag, München 1991[2] (vergriffen)

Schottenloher Gertraud: *Kunst- und Gestaltungstherapie,* Kösel Verlag, München 1989

Seitz Rudolf und Vyoralová Hana: *Phantastisches Papiertheater,* Don Bosco Verlag, München 1993

Seitz Rudolf: *Kunst in der Kniebeuge,* Ästhetische Elementarerziehung, Beispiele, Anregungen, Überlegungen, Don Bosco Verlag, München 1997[9]

Sendak Maurice: *Wo die wilden Kerle wohnen,* Diogenes Verlag, Zürich 1967

Ströse Susanne: *Kerzen bunt gestalten,* Don Bosco Verlag, München 1995

Weber Gunthard (Hrsg.): *Zweierlei Glück – die systemische Psychotherapie Bert Hellingers,* Carl-Auer-Systeme-Verlag, Heidelberg 1995[6]

Wilde Oscar: *Die Erzählungen und Märchen,* insel taschenbuch it 5, Insel Verlag, Frankfurt 1972

Zitzlsperger Helga: *Kinder spielen Märchen,* Beltz Verlag, Weinheim und Basel 1980

Kinder erleben Kunst – Kunst der Kinder

114 Seiten, s/w-Abb.,
7 Dias, kartoniert,
ISBN 3-7698-0701-4

Cordula Pertler
Kinder erleben große Maler
Modelle für Erzieher, Lehrer und Eltern

Kinder und große Maler – paßt das zusammen? Selbstverständlich, denn diese methodisch ausgearbeiteten Beispiele führen Kleine wie Große zur Begegnung mit Künstlern wie Klee, Jawlensky, Picasso, van Gogh u.a. Dabei wird auf kreatives Gestalten und auf die ganzheitliche Erfahrung für das Kind Wert gelegt. (Mit 7 Farbdias!)

168 Seiten, 200 farbige Abb.,
gebunden,
ISBN 3-7698-0812-6

Rudolf Seitz
Was hast du denn da gemalt?
Wie Kinder zeichnen und was Eltern, Erzieherinnen und Lehrkräfte dafür tun können

Mein Kind kritzelt nur! – Warum malt es nur Kopffüßler? – Warum ist das Gesicht der Freundin grün gemalt?
„Vom Kritzelalter bis zum 12. Lebensjahr" betrachten interessierte Eltern die Ergebnisse ihrer zeichnenden Kinder.
In 66 überschaubaren Kapiteln gibt ein erfahrener Kunstpädagoge klare, praktikable Antwort auf konkrete Fragen und zeigt anhand von 200 Bildbeispielen die Entwicklung der kindlichen Bildsprache auf.